텐서플로로 시작하는 딥러닝 입문

텐서플로로
시작하는
딥러닝
입문

그림으로 익히고
파이썬 코드로 구현하는
인공신경망 알고리즘

텐서플로로 시작하는 딥러닝 입문

그림으로 익히고 파이썬 코드로 구현하는
인공신경망 알고리즘

지은이 아다치 하루카
옮긴이 윤인성
펴낸이 박찬규   엮은이 윤가희   디자인 북누리   표지디자인 Arowa & Arowana

펴낸곳 위키북스   전화 031-955-3658, 3659   팩스 031-955-3660
주소 경기도 파주시 문발로 115, 311호 (파주출판도시, 세종출판벤처타운)

가격 20,000   페이지 204   책규격 175 x 235mm

초판 발행 2019년 01월 03일
ISBN 979-11-5839-127-0 (93000)

등록번호 제406-2006-000036호   등록일자 2006년 05월 19일
홈페이지 wikibook.co.kr   전자우편 wikibook@wikibook.co.kr

HAJIMETE NO TENSORFLOW SUSHIKI NASHI NO DEEP LEARNING by Haruka Adachi
Copyright ⓒ 2017 Haruka Adachi
All rights reserved.
Original Japanese edition published by Ric Telecom, Tokyo
This Korean language edition is published by arrangement with Ric Telecom,
Tokyo in care of Tuttle-Mori Agency, Inc., Tokyo through Botong Agency, Seoul.
Korean translation copyright ⓒ 2019 by WIKIBOOKS

이 책의 한국어판 저작권은 Botong Agency를 통한 저작권자와 독점 계약으로 위키북스가 소유합니다.
신저작권법에 의해 한국 내에서 보호를 받는 저작물이므로 무단 전재와 복제를 금합니다.
이 책의 내용에 대한 추가 지원과 문의는 위키북스 출판사 홈페이지 wikibook.co.kr이나
이메일 wikibook@wikibook.co.kr을 이용해 주세요.

이 도서의 국립중앙도서관 출판시도서목록(CIP)은
서지정보유통지원시스템 홈페이지(http://seoji.nl.go.kr)와
국가자료공동목록시스템(http://www.nl.go.kr/kolisnet)에서 이용하실 수 있습니다.
CIP제어번호 CIP2018041991

텐서플로로
시작하는
딥러닝
입문

**그림으로 익히고
파이썬 코드로 구현하는
인공신경망 알고리즘**

아다치 하루카 지음

/

윤인성 옮김

위키북스

예제 파일 안내

이 책의 예제 파일은 다음 위키북스 홈페이지에서 내려받을 수 있습니다.

위키북스 도서 페이지
http://wikibook.co.kr/tensorflow/

위키북스 홈페이지로 가서 『텐서플로로 시작하는 딥러닝 입문』 책을 검색해서 찾습니다. 그러고 나서 이 책의 [예제 코드] 메뉴를 클릭하면 zip 파일을 내려받을 수 있습니다. 예제 파일을 내려받고 나서 아래의 압축 풀기 비밀번호를 입력합니다.

압축풀기 비밀번호: ten1270

링크에서 내려받을 수 있는 파일에는 다음과 같은 것이 들어 있습니다.

1. 3~5장의 파이썬 샘플 코드: 약 173KB

2. 4장의 3절에서 사용하는 이미지 데이터 세트(개 사진 500장): 약 481KB

주의사항

1. 이 책은 저자가 독자적으로 확인한 내용을 출판한 것입니다.

2. 만약 내용에서 의심스러운 부분, 또는 누락이 있다고 생각된다면, 출판사로 연락해 주세요.

3. 이 책의 내용을 바탕으로 서비스 등을 운용해서 손해가 생겼을 때 그 결과와 영향을 저자, 출판사는 책임지지 않습니다.

4. 이 책의 내용은 2017년 6월 기준 내용입니다. 이 책에 나오는 URL과 소프트웨어의 사양은 이후에 변경되었을 수 있습니다.

5. 이 책에 있는 코드와 이미지는 모두 저작물입니다. 별도의 저작자가 명시되어 있는 것도 있습니다.

6. 이 책의 프로그램은 2장에서 설명하는 환경에서 동작을 검증한 것입니다.

상표 및 라이선스

1. TensorFlow와 TensorFlow 로그 마크는 Google Inc.의 등록 상표입니다.

2. Python은 Python Software Foundation의 등록 상표입니다.

3. 이 이외에 이 책에 기재된 상품 이름, 서비스 이름, 회사 이름, 단체 이름과 그 로고 마크들은 상표 또는 등록 상표일 수 있습니다.

4. 이 책에서는 본문에 TM마크(™), R마크(®) 등의 표시를 생략했습니다.

5. 이 책에서는 회사 이름을 표기할 때 "Inc."와 "Co., Ltd." 등의 약칭을 생략했습니다.

이 책은 "지금부터 딥러닝을 공부하고 싶다"라고 생각하는 IT 엔지니어를 대상으로 하고 있습니다. 그리고 딥러닝 방법을 이해하고, 직접 구현할 수 있게 하는 것을 목적으로 합니다.

딥러닝을 처음 공부하기 시작하는 IT 엔지니어는 일반적으로 2가지 벽을 넘지 못합니다. 첫 번째는 '딥러닝 방법', 특히 이론을 설정하는 수식의 이해라는 벽입니다. 두 번째는 '구현 방법'이라는 벽입니다.

이 책에서는 이러한 벽을 다음과 같은 형태로 넘어갑니다.

1. 수식 없이 이론 이해하기

이 책에서는 꼭 알아두었으면 하는 (1) 전결합 뉴럴 네트워크, (2) 합성곱 뉴럴 네트워크(CNN), (3) 재귀형 뉴럴 네트워크(RNN)을 설명합니다.

이론을 모두 그림으로 설명하고, 수식은 하나도 설명하지 않습니다. 독자가 IT 엔지니어라면 쉽게 읽을 수 있으며, 구현해 필요한 지식만 효율적으로 얻을 수 있을 것입니다. 만약 수식이 필요하다면 별도의 서적을 함께 참고하기 바랍니다.

2. 간단하게 구현할 수 있게 해주는 라이브러리 사용하기

이 책에서는 프로그래밍 언어 Python 3.6과 Google의 TensorFlow를 기반으로 하는 TFLearn 라이브러리를 사용해서 딥러닝을 구현해 봅니다.

실제로 이미지와 수치를 기반으로 프로그램을 만들며 알아봅니다. 또한 실행 환경 구축도 처음부터 차근차근 설명하며, 샘플 코드도 차근차근 설명합니다. 이 책을 따라 진행하면 딥러닝과 관련된 기본적인 내용을 무리 없이 이해할 수 있을 것입니다.

이 책은 모두 직접 코드를 작성해 보며 따라 하는 것을 가정하고 작성되었습니다. 딥러닝을 자세하게 이해하려면 너무 오랜 시간이 걸려 포기하게 되는 경우가 많습니다. 따라서 차근차근 구현 방법을 이해하고, 구현해 보면서 시작해보기 바랍니다.

– 아다치 하루카

03

**심층 신경망
맛보기**

05

**재귀형 신경망
체험하기**

01장

처음 배우는 딥러닝

이 책은 머신러닝 방법 중 하나인 딥러닝의 구조와 구현 방법을 설명합니다. 이러한 내용을 본격적으로 살펴보기에 앞서 이번 장에서는 머신러닝과 딥러닝의 개요와 함께 딥러닝으로 할 수 있는 것과 딥러닝이 얼마나 굉장한 것인지에 대해서 설명하겠습니다. 그리고 딥러닝을 구현하는 소프트웨어(라이브러리)에 대해 알아보겠습니다.

1.1
머신러닝과 딥러닝

1.1.1 AI에 대한 관심

AI(Artificial Intelligence: 인공지능)는 이제 개발자를 대상으로 하는 전문서와 웹 사이트 뿐만 아니라, 일반인을 대상으로 하는 뉴스와 신문에서도 자주 언급되는 주제입니다. AI는 이미 두 번이나 많은 사람의 주목을 받았으며, 현재 세 번째 붐이 일고 있습니다. 그리고 그 중심에는 **"머신러닝(기계학습)과 딥러닝(심층학습)"**이 자리잡고 있습니다.

이를 활용하면 인간으로부터 주어진 데이터를 기반으로 기계인 컴퓨터가 스스로 학습하고, 지식을 습득할 수 있습니다. 과거의 인공지능과 다르게 현재의 인공지능은 인간이 생각하지 못한 패턴도 학습할 수 있으므로, 범용성이 높고 다양한 분야에 활용할 수 있습니다. 그중에서도 특히 "딥러닝"이라고 불리는 영역이 주목을 모으고 있으며, 딥러닝은 이미지 인식, 음성 인식, 기계 번역 등의 분야에서 큰 성과를 내고 있습니다.

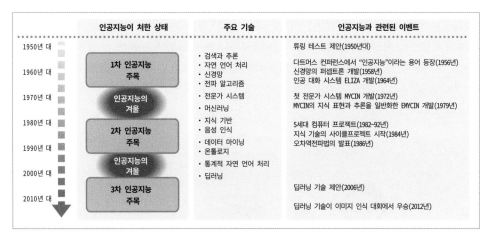

그림 1-1 AI의 역사 – 데이터의 증가와 컴퓨터 성능의 향상[1]

📑 1차 인공지능 주목과 2차 인공지능 주목

1차로 인공지능이 주목받게 된 것은 1950년대부터 60년대까지 입니다. 이때 "추론"과 "검색" 방법이 고안됐습니다. "하노이탑 알고리즘"이 대표적인데, 인간이 규칙과 목표를 설정해두면, 컴퓨터가 알아서 풀어주는 형태였습니다.

하지만 이 방법은 정해진 조건 아래에서만 동작하므로, 응용이 힘들었습니다. 따라서 인간의 지식을 표현하기에는 알맞지 않았고, 얼마 있지 않아 인기가 사라지게 됐습니다.

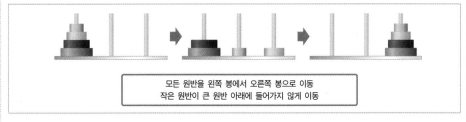

모든 원반을 왼쪽 봉에서 오른쪽 봉으로 이동
작은 원반이 큰 원반 아래에 들어가지 않게 이동

그림 1-2 하노이탑

2차로 인공지능이 주목받게 된 것은 1980년대부터 90년대까지 입니다. 이때는 "규칙 기반(rule based)" 방법이 고안됐습니다. "전문가 시스템"이 대표적인데, 전문가의 지식을 "만약 A라면 B 한다"와 같은 형태의 규칙으로 만들고, 이를 컴퓨터에게 기억시켜서 규칙에 맞게 문제를 해결하게 한 것입니다.

---

1 일본 총무성에서 제공하는 "ICT의 진화가 고용과 일하는 방법 자체에 미치는 영향"이라는 연구 조사에서 가져온 이미지입니다.

하지만 이 방법은 컴퓨터에 저장된 지식 사전을 기반으로 문제를 해결하는 것뿐이었습니다. 따라서 스스로 지식을 확장하거나 하는 것은 불가능하다는 약점이 있습니다. 추가로 이때의 컴퓨터는 전문가가 가지고 있는 방대한 지식을 저장할 기억 용량이 부족했으며, 이러한 지식을 저장할 수 있더라도 처리할 수 있는 처리 속도가 나오지 않았습니다. 따라서 이전과 마찬가지로 "인간의 지식을 표현할 수 없다"라고 판단되어 인기가 사라지게 됐습니다.

그림 1-3 전문가 시스템

3차로 인공지능의 주목을 이끌어낸 원동력은 데이터 흐름의 급격한 증가와 컴퓨터 성능의 비약적인 향상이라고 할 수 있습니다. 특히 IoT(Internet of Thins: 사물 인터넷) 디바이스 수의 증가에 비례해서 데이터의 흐름이 증가하고 있는데, 2019년에는 매달 160엑사 바이트의 데이터 흐름이 만들어질 것으로 예측되고 있습니다(그림 1-4 윗쪽).

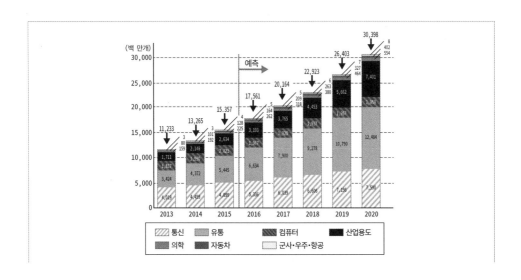

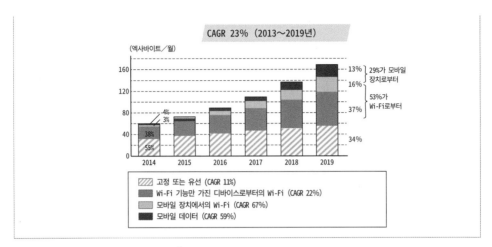

그림 1-4 IoT 디바이스 수와 데이터 유통량[2]

기계 학습에서는 학습에 사용되는 데이터의 양이 많으면 많을수록, 더욱 깊은 지식을 습득할 수 있습니다. 하지만 컴퓨터의 성능이 이를 뒷받침하지 못한다면 대량의 데이터 처리를 할 수 없습니다. 컴퓨터의 성능은 무어의 법칙에 따라 상승하고 있습니다. 최근에는 개인용 컴퓨터 (데스크톱 또는 노트북)도 성능이 굉장히 좋아져서, 비즈니스적인 용도가 아니라 개인적인 용도로 기계 학습을 활용할 수 있는 기회가 늘어났습니다.

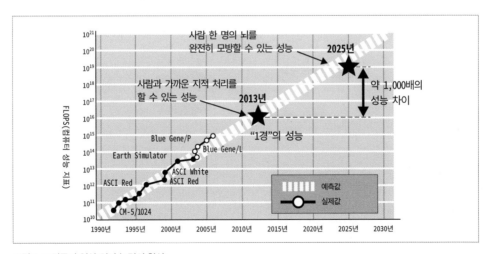

그림 1-5 컴퓨터 연산 처리 능력의 향상

---

2 (옮긴이) 모바일 데이터는 우리가 현재 사용하는 LTE 등을 의미합니다.

이러한 배경을 기반으로 비즈니스적인 용도와 개인적인 용도 모두에서 AI와 관련된 기술의 공부와 활용이 활발하게 이뤄지고 있습니다. 이 책에서는 AI 기술 중에 현재 주목받고 있는 딥러닝을 이해하고, 구현하는 방법을 소개합니다. 그리고 이를 통해 AI 기술을 어떻게 활용할 수 있는지 생각해보겠습니다.

1.1.2 기계 학습이란?

딥러닝에 대해 이야기해 보기 전에 기계 학습에 대해서 이야기해 보겠습니다.

기계 학습이란 **"기계에게 데이터를 학습시키고, 데이터에 포함된 규칙성 또는 패턴을 발견하게 하는 처리"**를 나타냅니다. 데이터가 10개 정도밖에 없으면 인간이 규칙과 패턴을 어느 정도 발견할 수 있지만, 현실의 데이터는 너무 규모가 크고 구조가 복잡해서 인간이 처리할 수 있는 한계를 넘습니다. 그래서 이러한 처리를 기계에게 맡기는 것입니다.

기계 학습은 다음과 같이 데이터를 처리합니다. 기계는 일단 입력으로 **"학습 데이터"**를 받습니다. 그리고 여기에서 **"특징량"**을 추출합니다. 특징량이란 각각의 데이터가 가지고 있는 어떠한 특징을 수치화해서 나타낸 것입니다. 이때 특징량 정의는 사람이 해야 합니다.

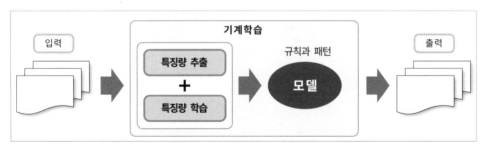

그림 1-6 기계 학습의 구조

특징량이란 무엇일까요? 이해하기 쉽게 간단한 예를 살펴봅시다.

앞에서 걸어오고 있는 사람이 남자인지 여자인지 구분(분류)해봅시다. 그림 1-7의 표에 있는 숫자와 구분(예 또는 아니오 등)만 가지고 남녀를 판단한다면 어떤 속성에 주목해야 할까요?

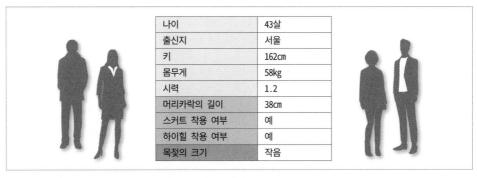

나이	43살
출신지	서울
키	162cm
몸무게	58kg
시력	1.2
머리카락의 길이	38cm
스커트 착용 여부	예
하이힐 착용 여부	예
목젖의 크기	작음

그림 1-7 남녀를 구분하기 위해 주목해야 하는 속성은 무엇일까?

남녀를 구분할 때 사용할 수 있는 속성으로는 머리카락의 길이, 스커트 착용 여부, 하이힐 착용 여부, 목젖의 크기 등이 있습니다. 이 중에서도 가장 확실하게 구분할 수 있는 속성은 목젖의 크기라고 할 수 있습니다. 따라서 그림 1-7에서 특징량으로 추출하면 가장 좋은 것은 바로 "목젖의 크기"입니다. 이를 기반으로 앞에서 걸어오고 있는 사람은 "여자"라고 판단할 수 있습니다. 이 이외의 속성은 남성과 여성 모두에 해당될 가능성이 있으므로, 분류할 때 필요한 속성이라고 말할 수 없습니다.

기계 학습은 이처럼 특징량을 기반으로 규칙과 패턴을 찾고, 이를 모델(규칙과 패턴을 학습시킨 것)로 만들어서 사용합니다.

지도 학습

기계 학습은 크게 **"지도 학습"**과 **"비지도 학습"**으로 구분할 수 있습니다. 지도 학습은 주로 "예측"에 사용되고, 비지도 학습은 주로 "지식 발견"에 사용됩니다.

지도 학습에서는 학습 데이터로 정답 데이터(**목적 변수**라고 부릅니다)를 포함하고 있는 데이터를 입력합니다. 그리고 정답 데이터를 제외한 입력 데이터(**설명 변수**라고 부릅니다)를 기반으로 얻은 출력 결과가 최대한 정답 데이터에 가까워지게 특징량을 추출해서 모델을 구축합니다.

예를 들어 생산 기계의 가동 로그를 기반으로 다음에 어떤 기계가 고장 날지 예측해본다고 합시다. 높은 정밀도로 예측할 수 있다면 빠르게 유지 보수해서 생산 효율을 높일 수 있을 것입니다.

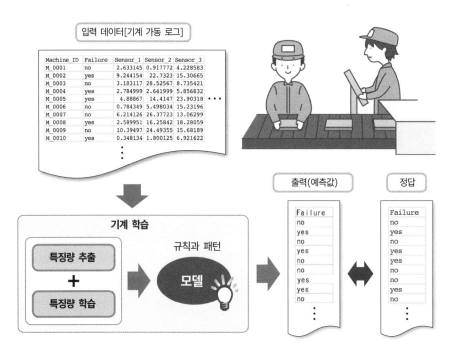

그림 1-8 지도 학습의 예: 고장 날 기계 예측하기

그림 1-8에서는 기계 가동 로그가 입력 데이터이며, 입력 데이터에 있는 Sensor_1, Sensor_2, …… 등의 센서 값이 특징량(설명 변수)에 해당합니다. 이때 데이터의 Failure(고장)라는 항목에 yes(고장) 또는 no(정상)라는 값이 정답 데이터이고, 그림의 중앙에 있는 출력(예측값)이 목적 변수입니다. 굉장히 간단하게 살펴봤는데, 특징량 추출과 학습과 관련된 내용은 그림 1-11에서 자세하게 설명하겠습니다.

비지도 학습

비지도 학습에서는 정답 데이터를 포함하지 않는(목적 변수가 없는) 입력 데이터를 사용합니다. 따라서 입력 데이터에서 특징량을 추출해서 모델을 추출합니다.

예를 들어 고객의 속성 정보를 기반으로 취향이 비슷한 고객을 묶는 경우 등을 생각할 수 있습니다. 고객을 명확하게 그룹으로 나눈다면 각 그룹에 속한 고객에게 적합한 상품을 추천해서 매출 증가를 기대할 수 있습니다.

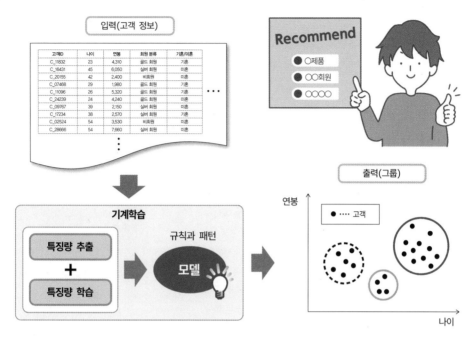

그림 1-9 비지도 학습의 예: 고객을 그룹으로 나누기

그림 1-9의 입력 데이터(고객 정보)에는 그림 1-8과 다르게 목적 변수가 없고, 나이와 소득 등의 설명 변수만 있을 뿐입니다. 이러한 데이터를 기반으로 고객을 그룹으로 나누게 됩니다. 어떻게 특징량을 추출하고 학습하는지는 그림 1-12에서 다시 설명하겠습니다.

학습 방법과 활용 예

지도 학습과 비지도 학습의 학습 방법과 활용 예를 살펴봅시다.

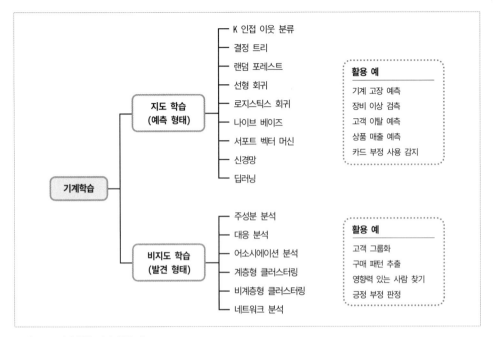

그림 1-10 기계 학습 방과 활용 예

"지도 학습"과 "비지도 학습"의 예를 하나씩 보면서 어떠한 느낌인지 살펴보도록 합시다.

일단 지도학습 중에서 "기계의 고장 예측"에 많이 사용되는 **결정트리**라는 방법을 살펴보겠습니다.

기계의 가동 로그 예에서 "기계에 설치된 센서 데이터"와 "기계가 정상 상태인지 고장 상태인지 나타내는 정답 데이터"를 사용하면 기계가 정상인지 고장인지 분류하는 모델을 만들 수 있습니다. 그림 1-11과 같은 형태를 사용하면 고장 패턴을 볼 수 있습니다. 그림을 보면 Sensor_2의 값이 24.032 이하이고, Sensor_3의 값이 1.442를 넘고, Sensor_5의 값이 1.166을 넘고, Sensor_6의 값이 0.933을 넘는 경우가 바로 고장이 난 경우입니다.

결정트리는 이처럼 Sensor_2에서 Sensor_6을 향해서 값의 조건이 트리를 따라 압축되며 결과를 압축하며 나아가는 것입니다. 이때 특징량은 Sensor_2, Sensor_3, Sensor_5, Sensor_6입니다. 이러한 분류 모델을 "정답 데이터(목적 변수)를 가지지 않은 미지의 데이터"에 적용하면 고장인지 아닌지 쉽게 확인할 수 있을 것입니다.

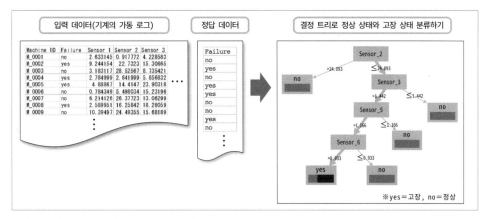

그림 1-11 결정 트리를 기반으로 만든 분류 모델

이어서 비지도 학습의 방법으로 고객의 그룹을 구분할 때 사용하는 "k-means"(비계층형 클러스터링)라고 부르는 방법을 살펴보겠습니다.

고객 데이터와 구매 이력을 사용하면 특징이 비슷한 고객들을 그룹으로 묶는 클러스터 모델을 만들 수 있습니다. 그림 1-12는 "나이", "연봉", "구매 횟수"라는 축 위에 고객을 놓고, 고객 그룹을 구분해본 그래프입니다. 이러한 고객 그룹을 나누고 그룹에 맞게 쿠폰 등을 제공하면 그냥 제공하는 것보다 훨씬 효과적일 것입니다.

현재 예에서는 나이, 연봉, 구매 횟수라는 3개의 축을 선택해서 고객을 구분했습니다. 특징량으로 나이, 연봉, 구매 횟수를 사용한 것입니다.

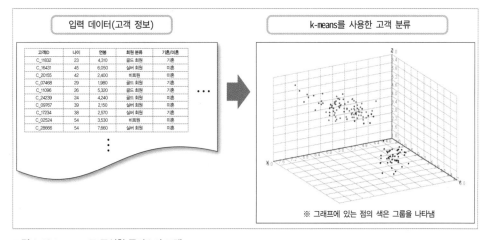

그림 1-12 k-mean로 구성한 클러스터 모델

지도 학습 방법: 신경망

대표적인 지도 학습 방법으로 **"신경망"**이 있습니다. 신경망은 딥러닝의 기반이 되는 기술입니다. 신경망은 인간 뇌의 신경 세포를 모방해서 만든 수학적 모델입니다.

예를 들어 테이블 위에 걸쳐진 컵이 있고, 이 컵이 조금씩 흔들리고 있다고 합시다. 대부분 사람은 과거의 경험에 의해서 컵이 떨어질 수 있다는 것을 알기 때문에 미리 컵을 잡습니다.

이때 사람의 뇌는 목격한 이미지를 신호(입력)로 받습니다. 이 신호는 시냅스라는 뉴런(신경세포)으로 구성된 네트워크로 전해지면서 "컵이 테이블 위에 걸쳐져 있고 흔들리고 있다는 것은 곧 떨어질 예정이라는 거야"라는 원칙을 만들게 됩니다. 컵이 떨어지면 물이 쏟아질 수도 있으므로 우리의 뇌는 이것이 나쁜 상태라고 저장하고, 나쁜 상태가 되지 않게 미리 컵을 잡도록 명령(출력)합니다.

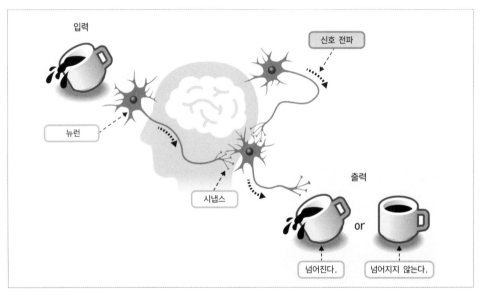

그림 1-13 뇌의 네트워크 동작

신경망은 이와 같은 뇌의 네트워크 구조를 기반으로 고안됐습니다. 신경망 네트워크는 **"입력 레이어"**, **"중간 레이어(은닉 레이어)"**, **"출력 레이어"**를 가진 계층 구조로 구성됩니다. 그림 1-14처럼 각 레이어는 "○"로 나타낸 **노드**가 여러 개 배치되며, 노드끼리는 "—"로 나타낸 **엣지(또는 링크)**로 연결됩니다.

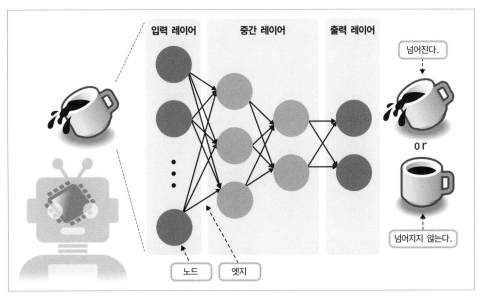

그림 1-14 신경망의 동작

신경망은 입력 레이어에서 출력 레이어로 향해 차례대로 데이터를 전파합니다. 각 노드는 숫자 데이터를 저장하며, 다른 레이어의 노드와 연결된 엣지를 통해 데이터를 전달합니다. 데이터가 입력 레이어에서 출력 레이어에 도착하면 출력값(예측값)을 얻을 수 있습니다. 중간 레이어에서는 예측의 정밀도를 높이기 위한 학습을 하게 됩니다. 신경망과 관련된 자세한 내용은 3장에서 다시 설명하겠습니다.

1.1.3 딥러닝이란

딥러닝은 중간 레이어가 여러 개로 구성된 신경망을 사용해 구축하므로 **"심층 신경망"**(Deep Neural Network : DNN)이라고 부르기도 합니다. 딥러닝은 2006년 토론토 대학의 제프리 힌톤(Geoffrey Hinton) 박사가 고안했습니다[3]. 딥러닝이 세상에 널리 알려진 것은 2012년에 구글이 "대규모 비지도 학습 이미지 데이터를 기반으로 기계가 고양이를 자동으로 인식할 수

---

3 http://www.cs.toronto.edu/~hinton/science.pdf

있다"라고 발표하면서부터입니다[4]. 추가로 2015년에 구글의 알파고(Alpha Go)가 이세돌 선수와의 바둑에서 승리하면서 사회에 큰 충격을 주어 딥러닝이 사회에 전반적으로 알려졌습니다[5].

딥러닝의 기본적인 형태는 모든 노드가 결합한 "전결합 신경망"입니다. 참고로 이 책에서는 신경망을 그림 1-15의 아래 그림처럼 간략화해서 표현합니다.

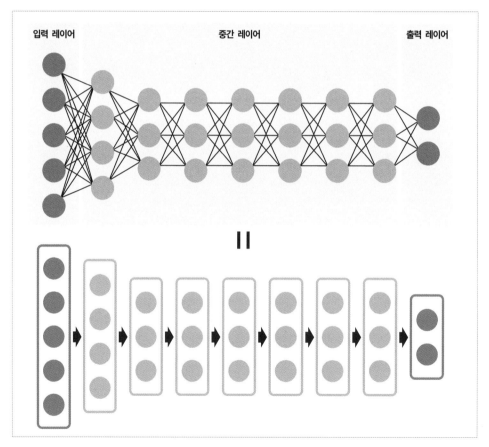

입력 레이어   중간 레이어   출력 레이어

그림 1-15 전결합 신경망

4   https://googleblog.blogspot.jp/2012/06/using-large-scale-brain-simulations-for.html

5   https://research.googleblog.com/2016/01/alphago-mastering-ancient-game-of-go.html

딥러닝은 신경망에서 발전된 것으로, "기계 학습 방법의 하나"입니다. 하지만 "기존의 기계 학습과는 완전히 다른 학습 방법"이라고 보는 시각도 있습니다. 이는 특징량 추출에 사람이 개입할 필요가 없기 때문입니다. 기존의 기계 학습은 특징량을 사람이 직접 정의해야 하지만, 딥러닝은 **기계가 학습하면서 특징량을 자동으로 추출**합니다.

딥러닝은 특히 이미지, 음성, 언어 등의 **"비구조화 데이터"**에서 특징량을 추출하고, 정밀도가 높은 모델을 구축하는 데 뛰어납니다. 이러한 데이터는 설명 변수의 수(차원 수)가 많아서, 사람이 직접 특징량을 추출하기는 굉장히 어렵습니다. 따라서 기존의 기계 학습 방법으로 정밀한 모델을 구축하려면 이미지, 신호 처리, 자연어 처리와 관련된 전문적인 지식이 필요합니다. 하지만 딥러닝을 사용하면 기계가 자동으로 특징량을 추출해주므로 전문 지식이 많지 않아도 어느 정도 정밀한 모델을 구축할 수 있습니다.

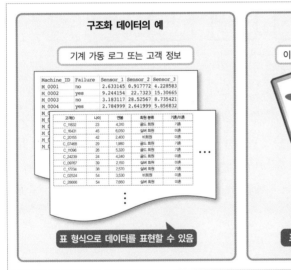 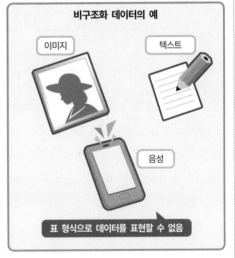

그림 1-16 구조화 데이터와 비구조화 데이터

딥러닝의 신경망에는 그림 1-15과 같은 기본적인 전결합 구조 이외에도, 데이터의 종류와 용도에 맞는 다양한 네트워크 구성이 있습니다.

예를 들어 이미지 인식에는 **"합성곱 신경망"**(Convolutional Neural Network : CNN)이 많이 사용됩니다. CNN은 중간 레이어에 "합성곱 레이어"와 "풀링 레이어"를 추가한 것입니다. 이 두 가지 레이어를 추가하면 데이터의 특징을 보다 적절하게 추출할 수 있습니다. 자세한 구조는 4장에서 다시 설명하겠습니다. CNN은 피사체 인식 또는 이상 감지 등에 많이 활용됩니다.

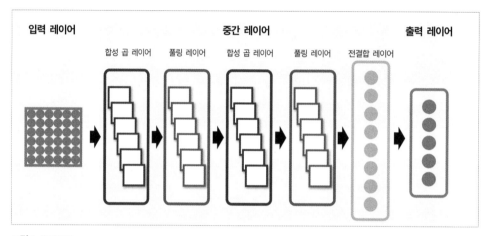

그림 1-17 CNN

텍스트 또는 음성 데이터에는 **"재귀적 신경망"**(Recurrent Neural Network : RNN)이 많이 사용됩니다. RNN은 특정 시점의 중간 레이어 데이터뿐만 아니라, 과거의 데이터도 함께 사용해서 학습합니다. 자세한 구조는 5장에서 다시 설명하겠습니다. RNN은 기계 번역과 교정 등에도 활용되고 있습니다. 구글의 지메일에서 메일 답신을 자동으로 생성해주는 Smart Reply에도 채용돼 있습니다[6].

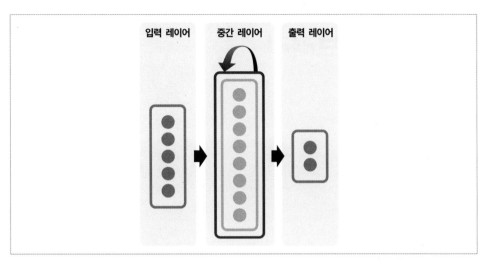

그림 1-18 RNN

딥러닝은 이외에도 제조 라인 문제 검사, 음성 검색 엔진, 번역 시스템, 상품 추천처럼 우리 주변에서 사용되는 수많은 서비스에서 이미 활용되고 있습니다. 딥러닝은 앞으로도 더 넓은 분야에 적용되고, 더욱 발전하게 될 것입니다.

1.2

딥러닝 라이브러리

딥러닝은 프로그래밍 언어를 사용해서 구현할 수 있습니다. 처음부터 자신의 힘으로 구현하는 것도 괜찮습니다. 하지만 자주 사용되는 함수가 라이브러리 형태로 제공되므로 이러한 것들을 사용하는 것이 효율적이라고 할 수 있습니다. 이번 절에서는 유명한 라이브러리 몇 가지를 선택해서 설명하겠습니다. 2018년 1월의 집필 시점을 기준으로 딥러닝을 구현할 때 사용할 수 있는 라이브러리는 50가지 종류가 넘습니다. 그중에서 몇 가지 소개하면 다음과 같습니다.

표 1-1 딥러닝을 구현할 때 사용하는 라이브러리

라이브러리명	개발 단체	지원 OS	언어	라이선스
카페(Caffe)	UC버클리	• macOS • 우분투	• C++ • 파이썬	BSD 2–Cause license
체이너(Chainer)	프리퍼드네트웍	• 우분투 • Cent OS	• 파이썬	MIT License
H2O	H2O.ai	• Cent OS • 우분투	• 자바 • 파이썬 • R • 스칼라	AGPL

라이브러리명	개발 단체	지원 OS	언어	라이선스
텐서플로	구글	• macOS • 우분투 • 윈도우	• C++ • Go • 자바 • 파이썬	Apache 2.0 open source license
테아노(Theano)	몬트리올 대학	• macOS • 우분투 • Cent OS • 윈도우	• 파이썬	오픈 소스

표 1-1처럼 모든 라이브러리가 유닉스 계열의 OS에서 동작하며(일부는 윈도우 OS에서도 동작합니다), 파이썬을 사용해 호출할 수 있습니다. 파이썬은 프로그래밍에 경험이 적은 초보자도 사용하기 쉬운 프로그래밍 언어로, 기계 학습과 관련된 다양한 라이브러리가 갖춰져 있습니다.

표에서 H2O는 R로도 사용할 수 있습니다. R 언어는 통계 분석으로 굉장히 널리 알려져 있는 프로그래밍 언어인데, 기계 학습 라이브러리도 굉장히 다양하게 갖추고 있습니다. 추가로 H2O는 GUI 데이터 분석 소프트웨어인 래피드마이너(RapidMiner)에서도 사용할 수 있습니다.

모든 라이브러리가 오픈소스이므로 개인적으로 무언가를 구현해볼 때 편리하게 사용할 수 있습니다. 그런데 지금부터 머신러닝을 공부할 사람이라면 어떤 라이브러리를 사용하는 것이 좋을지 고민될 것입니다. 일반적으로 그러할 때는 개발 단체로부터 매뉴얼과 튜토리얼이 많이 제공되는 것 또는 실제로 많이 사용되는 라이브러리를 선택하는 것이 좋습니다.

데이터마이닝 정보 사이트인 KD너겟(KDnuggets)이 실시한 조사인 "데이터 분석, 머신러닝, 딥러닝에 사용하고 있는 소프트웨어/도구는 무엇인가요?"의 결과를 보면 딥러닝 분야에서 가장 많이 득표한 도구가 구글의 "텐서플로"였습니다. 텐서플로는 지속적인 버전업을 통해 계속해서 기능이 향상되고 있고, 구글에서 제공하는 애플리케이션이므로 신뢰성도 굉장히 높다고 말할 수 있습니다.

프로그래밍 언어 파이썬과 R

파이썬과 R은 C와 C++ 등의 고급 프로그래밍 언어에 비해서 다루기 쉬우며, 새로 프로그래밍 언어를 배우는 초보자라면 굉장히 추천하고 싶은 언어입니다. 데이터 마이닝 정보 사이트인 KD너겟에서 실시한 조사인 "데이터 분석, 머신러닝, 딥러닝에 사용하고 있는 소프트웨어/도구는 무엇인가요?"의 결과를 보면 통합 평가에서 파이썬이 1위, R이 2위를 차지했습니다. 특히 파이썬은 2016년과 2017년에 사용자가 굉장히 큰 폭으로 늘어난 것을 알 수 있습니다.

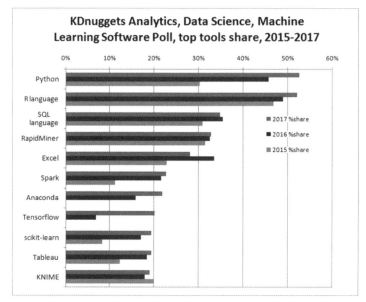

그림 1-19 2016년에 가장 많이 사용된 소프트웨어와 도구

파이썬과 R 모두 다양한 머신러닝 라이브러리를 사용할 수 있으므로 사용하고 싶은 라이브러리에 따라 언어를 선택하면 좋을 것입니다. 일반적으로 파이썬은 R보다 머신러닝 라이브러리가 많고, 반대로 R은 파이썬보다 통계 분석 라이브러리가 많습니다. 따라서 지금부터 머신러닝을 배우는 초보자라면 파이썬을 사용하는 것을 추천합니다.

1.2.1 텐서플로

텐서플로(TensorFlow)는 딥러닝을 포함해 다양한 머신러닝을 구현할 때 사용되는 라이브러리이며, 2015년 11월에 구글이 공개했습니다[1]. 아파치 2.0 라이선스를 따르므로 상업적인 용도와 비상업적인 용도 관계없이 자유롭게 사용할 수 있습니다.

텐서플로의 전신은 디스트빌리프(DistBelief)라고 불리는 플랫폼이었습니다. 이는 2012년에 구글이 발표한 고양이 이미지 인식에 사용됐습니다. 여기에 빠른 속도 향상을 위한 스케일 아웃 등을 할 수 있게 개선된 것이 바로 텐서플로입니다.

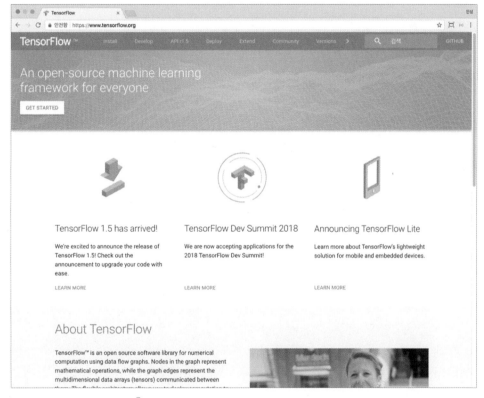

그림 1-20 텐서플로 공식 사이트[7]

---

1 https://www.tensorflow.org/

구글은 텐서플로를 라이브러리로 제공할 뿐만 아니라, 구글에서 직접 서비스를 만들 때도 사용하고 있습니다. 예를 들어 구글은 이미지 인식, 음성인식, 번역 등에 모두 텐서플로를 활용하고 있습니다. 이처럼 텐서플로는 실제로 애플리케이션 구현에도 사용되고 있으므로 개인적인 용도의 사용부터 비즈니스 용도의 사용까지 모두 커버할 수 있는 굉장히 강력한 라이브러리라고 할 수 있습니다.

이어서 텐서플로의 기본적인 계산 처리에 대해서 살펴봅시다. 텐서플로는 **"계산 그래프"**라고 부르는 개념을 사용해 숫자를 계산합니다. 그래프의 노드는 숫자 데이터를 넣은 변수이며, 숫자 데이터 연산 처리를 합니다. 그래프의 엣지는 노드에서 노드로 숫자 데이터를 전달하는 역할을 합니다. 이때 숫자 데이터는 다차원 배열 형식(텐서: Tensor)으로 표현됩니다.

단순한 덧셈 연산을 함께 살펴봅시다. 텐서플로로 구현하려면 연산을 하는 변수 node1과 node2를 준비하고, 각 변수에 값을 할당합니다. 그리고 노드끼리 연결해서 덧셈을 실행하고, 이를 새로운 변수 node3에 할당합니다.

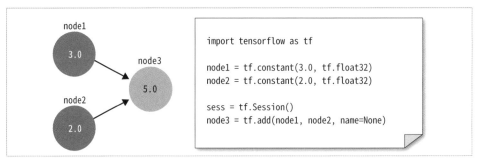

그림 1-21 계산 그래프

텐서플로를 사용하면 이처럼 계산 그래프를 구축해서 딥러닝을 포함한 기계 학습을 구현할 수 있습니다. 텐서플로 공식 웹 사이트를 보면 텐서플로 설치 방법, 튜토리얼, 매뉴얼들이 제공됩니다. 따라서 처음 공부하는 사람들도 공식 사이트를 통해 많은 정보를 습득할 수 있을 것입니다.

하지만 머신러닝과 관련된 지식이 없고, 경험이 없는 사람은 텐서플로를 사용해도 굉장히 어렵다는 느낌이 들 것입니다. 따라서 이 책에서는 텐서플로를 기반으로 딥러닝을 더욱 쉽게 구현할 수 있게 해주는 **"TFLearn"**을 사용해 딥러닝을 배우겠습니다.

1.2.2 TFLearn

TFLearn은 텐서플로와 완벽하게 호환되는 파이썬 라이브러리입니다. 추가로 텐서플로와 마찬가지로 오픈소스(MIT 라이선스)입니다[2].

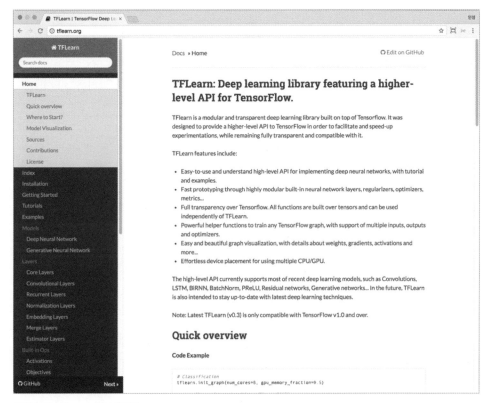

그림 1-22 TFLearn 공식 사이트

TFLearn의 특징은 파이썬 머신러닝 라이브러리인 **scikit-learn**과 문법이 비슷해서 직관적으로 사용할 수 있으며, 텐서플로보다 쉽게 신경망을 구성할 수 있다는 것입니다. 예를 들어 텐서플로와 TFLearn을 사용해 신경망의 중간 레이어를 만드는 코드를 비교하면 다음과 같습니다.

2 http://tflearn.org/

```
# 텐서플로로 구현하기

with tf.name_scope('conv1'):
    W = tf.Variable(tf.random_normal([5, 5, 1, 32]), dtype=tf.float32, name='Weights')
    b = tf.Variable(tf.random_normal([32]), dtype=tf.float32, name='biases')
    x = tf.nn.conv2d(x, W, strides=[1, 1, 1, 1], padding='SAME')
    x = tf.add_bias(x, b)
    x = tf.nn.relu(x)
```

```
# TFLearn으로 구현하기

tflearn.conv_2d(x, 32, 5, activation='relu', name='conv1')
```

그림 1-23 텐서플로를 사용한 구현과 TFLearn을 사용한 구현 비교

이렇게 하면 중간 레이어로 합성곱 레이어가 구축됩니다. 합성곱 레이어에 대해서는 4장에서 설명하겠습니다. 어쨌거나 텐서플로에서 제공하는 기능도 사용할 수 있으므로 TFLearn은 굉장히 사용하기 편리하다고 할 수 있습니다.

TFLearn 공식 사이트에는 설치 방법, 사용할 수 있는 함수에 대한 설명, 샘플 코드 등이 공개돼 있으므로 처음 머신러닝을 공부하는 사람들도 굉장히 쉽게 다양한 정보를 접할 수 있습니다. 하지만 그래도 처음 공부하는 사람에게는 어려운 부분이 있으므로, 다음 장부터 차근차근 그러한 내용을 알아보겠습니다. 2장에서는 TFLearn을 사용해서 딥러닝을 구현하기 위한 환경을 구축하고, 3장에서는 전결합 신경망의 구조와 이미지 분류 방법, 4장에서는 CNN을 사용한 이미지 분류 방법, 5장에서는 RNN에 대해서 살펴보겠습니다.

 파이썬 머신러닝 라이브러리 scikit-learn

scikit-learn은 파이썬으로 사용할 수 있는 오픈소스(BSD 라이선스) 머신러닝 라이브러리입니다. scikit-learn 하나만 설치하면 k-means 분류, 결정 트리, 서포트 벡터 머신처럼 널리 알려진 알고리즘을 모두 사용할 수 있습니다.

앞서 살펴본 그림 1-19("데이터 분석, 머신러닝, 딥러닝에 사용하고 있는 소프트웨어/도구는 무엇인가요?"의 결과)를 보면 2015년과 2016년에 scikit-learn의 사용자가 2배나 늘어난 것을 볼 수 있습니다.

참고로 scikit-learn을 사용할 경우 숫자 계산 라이브러리 NumPy와 SciPy, 그래프 라이브러리 Matplotlib도 함께 설치해서 사용하는 것이 좋습니다.

02장

딥러닝 구현
준비하기

이번 장에서는 딥러닝을 구현하기 위한 환경을 구축하고, 구현에 사용할 도구의 사용 방법을 살펴보겠습니다.

2.1
딥러닝 환경 구축하기

이 책을 번역하며 윈도우 7(64bit), 윈도우 10(64bit)을 호스트 OS로 사용하고, 그 위에 우분투 18.04(64bit)를 게스트 OS(가상 OS)로 사용해 모든 코드를 테스트했습니다. 참고로 게스트 OS 위에서 코드를 실행한 것이므로 실제 모든 코드는 게스트 OS인 우분투 18.04에서 테스트 된 것입니다.

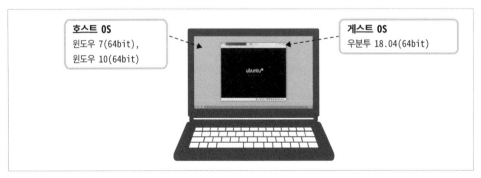

그림 2-1 딥러닝 개발 환경

2.1.1 버추얼박스 설치하기

버추얼박스(VritualBox, 오라클 VM 버추얼박스)는 호스트 OS 위에서 게스트 OS를 실행할 수 있게 해주는 가상화 소프트웨어입니다. 이번 절에서는 버추얼박스를 기반으로 윈도우 7 이상의 운영 체제에서 우분투 18.04(64bit)를 실행하는 방법을 알아보겠습니다. 윈도우 이외의 운영체제(macOS와 리눅스) 등에서도 버추얼박스를 사용할 수 있기는 하지만, 이 책에서는 따로 다루지 않겠습니다.

일단 버추얼박스를 내려받을 수 있는 페이지[1]로 이동한 다음 Windows host를 클릭하고, 인스톨러를 내려받습니다(그림 2-2).

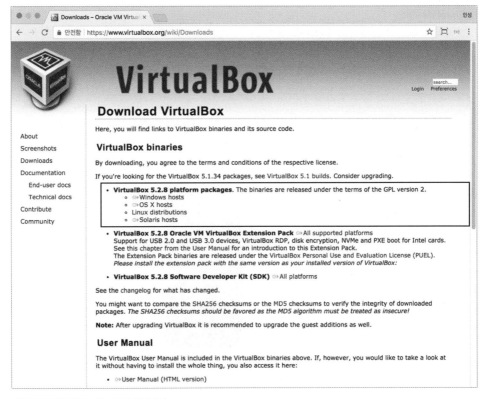

그림 2-2 버추얼박스 인스톨러 내려받기

---

1 https://www.virtualbox.org/wiki/Downloads

버추얼박스를 설치합시다. 내려받은 인스톨러를 실행하고, 처음 화면에서 [Next >] 버튼을 클릭합니다. 그림 2-3의 오른쪽 화면처럼 설치 대상 폴더를 지정하는 화면이 나오면 적당한 위치를 지정하고(별다른 문제가 없다면 기본 상태로 두고), [Next >] 버튼을 클릭합니다.

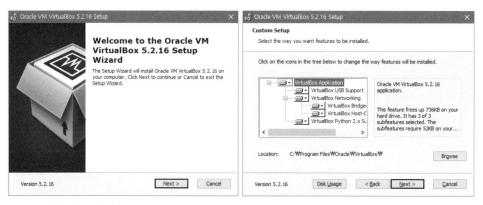

그림 2-3 버추얼박스 설치 (1)

바로 가기 아이콘 등을 생성하고 싶다면 적당한 항목에 체크하고, [Next >] 버튼을 클릭합니다. 네트워크 접속이 일시적으로 끊길 수 있으므로 네트워크 연결이 필요한 애플리케이션이 있다면 안전을 위해 미리 종료하고, [Yes] 버튼을 클릭합니다(그림 2-4).

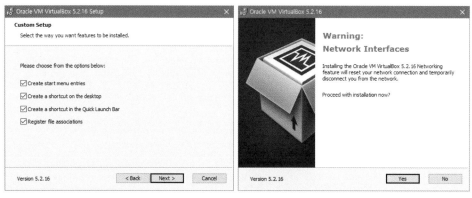

그림 2-4 버추얼박스 설치 (2)

만약 설정 내용을 변경하고 싶을 때는 [< Back] 버튼을 눌러 뒤로 이동한 후 수정합니다. 문제없다면 [Install] 버튼을 클릭합니다. 만약 윈도우에서 보안과 관련된 메시지가 출력되면 "Oracle Corporation의 소프트웨어는 항상 신뢰(A)"에 체크하고 [Install] 버튼을 클릭합니다(그림 2-5).

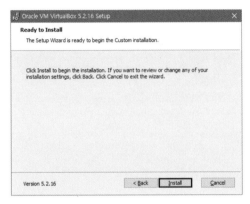

그림 2-5 버추얼박스 설치 (3)

조금 기다리면 설치가 완료됩니다(그림 2-6).

그림 2-6 버추얼박스 설치 (4)

완료 화면에서 [Finish] 버튼을 클릭하면, **Oracle VM VirtualBox 관리자**가 실행됩니다(그림 2-7).

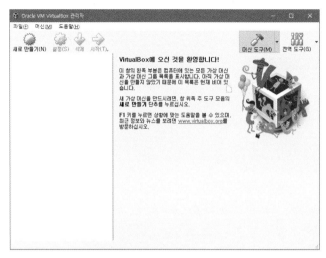

그림 2-7 Oracle VM VirtualBox 관리자

설치가 완료되면 배경화면에 Oracle VM VirtualBox 관리자 아이콘이 생성돼 있을 것입니다. 아이콘을 더블 클릭하면 Oracle VM VirtualBox를 실행할 수 있습니다.

2.1.2 우분투 설치하기

우분투는 오픈소스 리눅스 OS 중에 하나로, 32bit 버전과 64bit 버전이 있습니다. 개인과 비즈니스 목적으로 사용되는 데스크톱 OS는 윈도우가 압도적이지만, 머신러닝과 딥러닝을 할 때는 명령어를 사용하는 조작이 많으므로 리눅스 OS를 사용하는 것이 편리합니다.

우분투를 내려받을 수 있는 페이지[2]로 이동해서 최신 LTS 버전의 우분투를 내려받습니다 (그림 2-8)[3].

---

2 https://www.ubuntu.com/download/desktop

3 (옮긴이) LTS는 Long Term Support의 줄임말입니다. 오랫동안 지원할 것이 보장된 버전이라는 의미인데, 그만큼 안정적으로 사용할 수 있습니다. 책의 번역 시점 최신 버전은 18.04.1 LTS입니다.

그림 2-8 우분투 다운로드 페이지

내려받을 때 후원할 것인지 묻는 대화 상자가 나옵니다. 그냥 기다리면 무료로 다운로드가 진행됩니다. 내려받은 파일은 ubuntu-18.04.1-desktop-amd64.iso입니다.

Oracle VM VirtualBox 매니저를 실행하고, 화면 왼쪽 위에 있는 [신규(N)] 버튼을 클릭하면 가상 머신 만들기 화면이 나옵니다. 이름 및 운영체제 화면에서 가상 머신 이름에는 **원하는 이름**(책에서는 TFBOOK), 타입은 Linux, 버전은 Ubuntu (64-bit)를 선택한 뒤 [다음(N)] 버튼을 클릭합니다(그림 2-9 왼쪽). 메모리 크기 화면에서 메모리 크기를 2048MB **이상**으로 설정하고 [**다음(N)**] 버튼을 클릭합니다(그림 2-9 오른쪽).

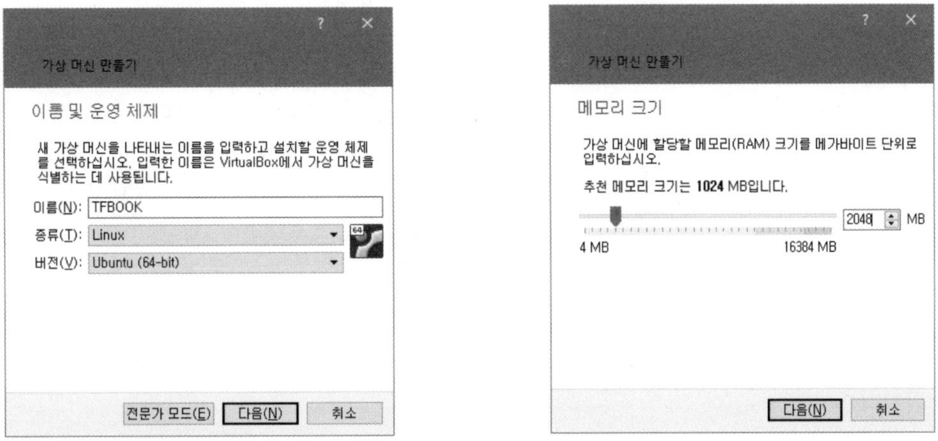

그림 2-9 가상 머신 생성 화면(1)

하드 디스크 화면에서 [**지금 새 가상 하드 디스크 만들기(C)**]를 선택하고 [**만들기**] 버튼을 클릭합니다. 이어서 하드 디스크 파일 종류는 기본으로 선택하고 [**다음(N)**]을 클릭합니다.

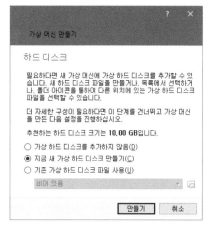
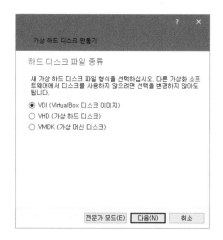

그림 2-10 가상 머신 생성 화면(2)

이외의 설정도 모두 기본 설정으로 진행합니다. 최종적으로 [**만들기**] 버튼을 클릭해주세요.

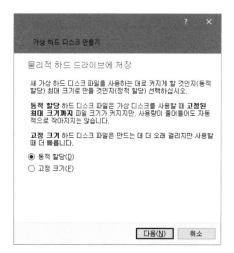
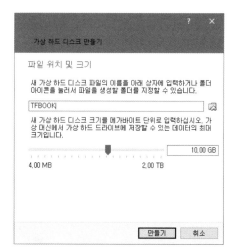

그림 2-11 가상 머신 생성 화면(3)

모든 내용을 진행하면 Oracle VM VirtualBox 매니저의 메뉴에 가상 머신의 이름이 출력됩니다(그림 2-12).

Oracle VM VirtualBox 관리 화면에서 [설정(S)]을 클릭하면 가상 머신에 할당할 메모리 용량과 CPU 수를 설정할 수 있습니다. 기본값으로 메모리는 2048MB, CPU 수는 1인데, 딥러닝 학습에는 시간이 꽤 많이 걸리므로 되도록 메모리 용량과 CPU 수를 많이 할당하도록 합니다.

그림 2-12 가상 머신 생성 화면(4)

Oracle VM VirtualBox 매니저의 메뉴에 출력된 가상 화면의 이름(책에서는 TFBOOK)을 선택하고, 이때 시동디스크를 선택하는 화면이 나옵니다. 이전에 다운받았던 ubuntu-18.04-1-desktop-amd64.iso를 선택해주세요.

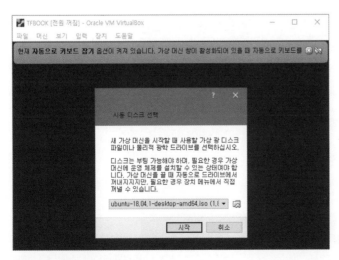

그림 2-13 시동 디스크 선택 화면

[**시작**] 버튼을 클릭하면 우분투가 실행됩니다. 그럼 OS 초기 설정을 차근차근 진행해봅시다. "설치 – 환영합니다" 화면에서 "**한국어**"가 선택돼 있는지 확인하고, [**Ubuntu 설치**]를 클릭합니다(그림 2–14).

그림 2–14 "환영합니다" 화면의 설정

"설치 – 키보드 레이아웃" 화면에서 "**한국어**"가 선택돼 있는지 확인하고, [**계속하기**] 버튼을 클릭합니다(그림 2–15).

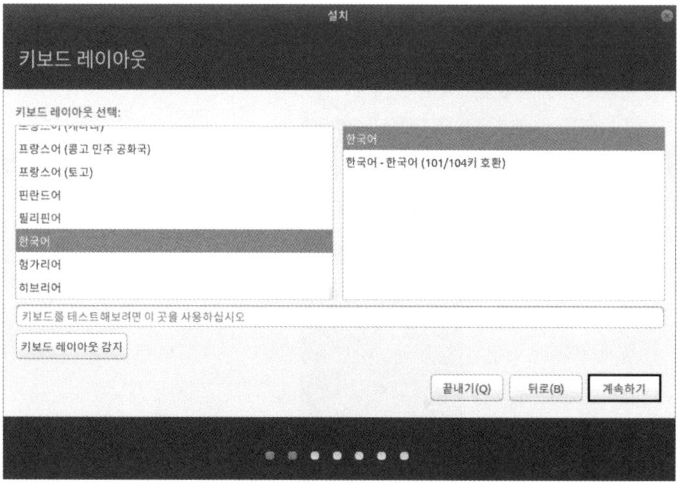

그림 2–15 "키보드 레이아웃" 화면의 설정

"업데이트 및 기타 소프트웨어"와 "설치 형식"은 모두 기본 설정으로 두고 진행합니다(그림 2-16).

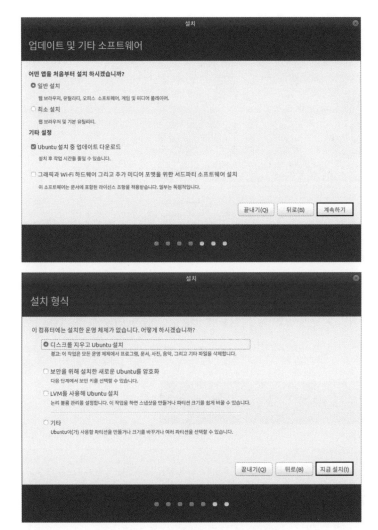

그림 2-16 "업데이트 및 기타 소프트웨어"와 "설치 형식" 화면의 설정

"설치 − 어디에 거주하고 계십니까?" 화면에서 타임존에 "Seoul"이 선택돼 있는지 확인하고, [**계속하기**] 버튼을 클릭합니다(그림 2−17).

그림 2−17 "거주지" 화면의 설정

"설치 − 당신은 누구십니까?" 화면에서 [이름], [컴퓨터 이름], [사용자 이름 선택], [암호 선택], [암호 확인] 항목을 입력합니다(그림 2−18).

그림 2−18 "당신은 누구십니까?" 화면의 설정

자신의 정보를 입력해도 괜찮지만, 이 책과 똑같이 진행하고 싶다면 다음과 같이 입력하기 바랍니다. 추가로 [**로그인할 때 암호 입력**]이 선택돼 있는지 확인하고, [**계속하기**] 버튼을 클릭합니다.

표 2-1 "당신은 누구십니까?" 화면의 설정 예

설정 항목	설정값
이름	tfbook
컴퓨터 이름	TFBOOK
사용자 이름	tfbook
비밀번호 입력	〈원하는 비밀번호 입력하기〉

최종 설정이 완료될 때까지 기다립니다(그림 2-19).

그림 2-19 최종 설정 화면

로그인 화면이 나오면 비밀번호를 입력해서 로그인합니다. 종료하고 싶을 때는 화면 오른쪽 위에 있는 버튼을 클릭하고, [종료] 버튼을 클릭합니다(그림 2–20).

그림 2–20 종료 방법

2.1.3 아나콘다 설치하기

이 책에서는 파이썬으로 코드를 작성해서 딥러닝을 구현합니다. 파이썬에는 파이썬 2와 파이썬 3라는 두 가지 계통의 버전이 있는데, 우분투에는 기본적으로 파이썬 2.7이 설치돼 있습니다. 현재는 파이썬 3가 많이 사용되므로 이 책에서도 파이썬 3.6 버전을 사용하겠습니다.

이 책에서는 "아나콘다(Anaconda)"라고 부르는 패키지 소프트웨어를 사용해서 파이썬 3.6과 머신러닝에 사용되는 파이썬 라이브러리를 함께 설치하겠습니다. 추가로 아나콘다를 사용하면 프로젝트별로 파이썬 가상 환경을 만들 수도 있습니다. 아나콘다는 컨티넘 애널리틱스(Continuum Analytics)라는 회사에서 개발/제공되며 무료 버전과 유료 버전이 있습니다. 유료 버전은 지원 등을 받을 수 있는 것은 물론이고, 처리를 빠르게 할 수 있게 해주는 병렬 처리 기능도 지원하지만, 이 책에서는 무료 버전을 사용하겠습니다.

아나콘다는 2017년 8월의 집필 시점을 기준으로 버전 4.4.0까지 내려받을 수 있습니다. 아나콘다의 다운로드 페이지[4]에서 버전 4.4.0의 파이썬 3 64bit 계열 인스톨러인 Anaconda3-4.4.0-Linux-x86_64.sh를 내려받습니다.

이 책에서는 Anaconda3-4.4.0-Linux-x86_64.sh를 사용했지만, 독자가 이 책을 보는 시점에는 더 최신 버전이 나왔을 수도 있습니다. 그러한 경우에는 이전 버전의 설치 파일을 내려받을 수 있는 페이지[5]에서 내려받아 주세요. 이보다 최신 버전을 사용할 경우 실행 결과가 책과 약간 다를 수도 있습니다.

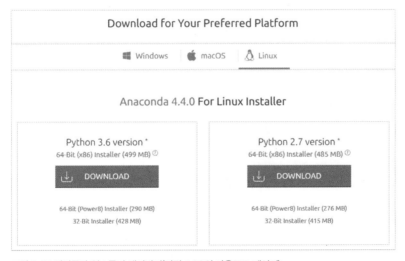

그림 2-21 아나콘다 인스톨러 내려받기(버전 4.4.0의 다운로드 페이지)

---

4 https://www.continuum.io/downloads

5 https://repo.continuum.io/archive/

Anaconda installer archive

Filename	Size	Last Modified
Anaconda2-4.4.0.1-Linux-ppc64le.sh	271.4M	2017-07-26 16:10:02
Anaconda3-4.4.0.1-Linux-ppc64le.sh	285.6M	2017-07-26 16:08:42
Anaconda2-4.4.0-Linux-x86.sh	415.0M	2017-05-26 18:23:30
Anaconda2-4.4.0-Linux-x86_64.sh	485.2M	2017-05-26 18:22:48
⋮		
Anaconda3-4.3.1-Linux-x86.sh	399.3M	2017-03-06 16:12:47
Anaconda3-4.3.1-Linux-x86_64.sh	474.3M	2017-03-06 16:12:24
Anaconda3-4.3.1-MacOSX-x86_64.pkg	424.1M	2017-03-06 16:26:27
Anaconda3-4.3.1-MacOSX-x86_64.sh	363.4M	2017-03-06 16:26:09
Anaconda3-4.3.1-Windows-x86.exe	348.1M	2017-03-06 16:19:46
Anaconda3-4.3.1-Windows-x86_64.exe	422.1M	2017-03-06 16:20:48

그림 2-22 버전을 찾아서 아나콘다 인스톨러 내려받기

데스크톱 화면 왼쪽 위에 있는 **현재 활동**을 클릭하고, terminal 또는 **터미널**이라고 입력합니
다. 그리고 **터미널** 아이콘이 나오면 이를 데스크톱 화면 왼쪽의 아이콘 메뉴바에 드래그 앤드
드롭해서 추가해주세요(그림 2-23).

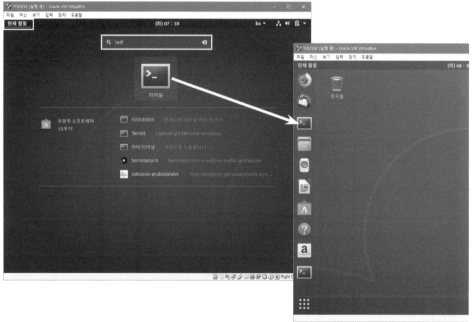

그림 2-23 메뉴 바에 터미널 추가

터미널 아이콘을 클릭해서 터미널을 실행합니다. 터미널을 실행하면 tfbook@tfbook-VirtualBox:~라고 출력되는데, **tfbook@tfbook-VirtualBox**는 "〈설정한 사용자 이름〉@〈컴퓨터 이름〉"을 나타냅니다. 이때 ~**(물결표)**는 홈 디렉터리를 의미합니다.

명령어에 익숙해질 수 있게 간단하게 연습해봅시다. 홈 디렉터리에 있는 디렉터리와 파일 목록을 확인할 때는 터미널에 다음과 같이 입력하고 [Enter] 키를 누릅니다.

코드 2-1

```
$ ls -l [Enter]
```

리눅스에서 출력, 이동, 설치 등의 처리를 할 때는 이처럼 명령어를 입력하고 [Enter] 키를 누릅니다(그림 2-24).

그림 2-24 터미널을 실행하고 홈 디렉터리에 디렉터리와 파일 목록 출력

내려받은 Anaconda3-4.3.1-Linux-x86_64.sh를 **다운로드** 디렉터리에 넣었다고 가정하
고, 계속 예제를 진행하겠습니다. 터미널의 위치를 홈 디렉터리에서 다운로드 디렉터리로 이동
합니다.

코드 2-2

```
$ cd 다운로드 [Enter]
```

다운로드 디렉터리로 이동하면 터미널에 "~/**다운로드**"라고 출력됩니다(그림 2-25).

그림 2-25 홈 디렉터리에서 다운로드 디렉터리로 이동

이어서 아나콘다를 설치합니다[6].

코드 2-3

```
$ bash Anaconda3-4.4.0-Linux-x86_64.sh [Enter]
```

---

6 (옮긴이) 파일 이름을 입력할 때는 적당하게 Ana를 입력하고 탭(tab) 키를 누르면 나머지는 자동 완성됩니다.

터미널에 라이선스가 출력되면 [Enter] 키를 눌러 라이선스를 확인합니다(그림 2-26).

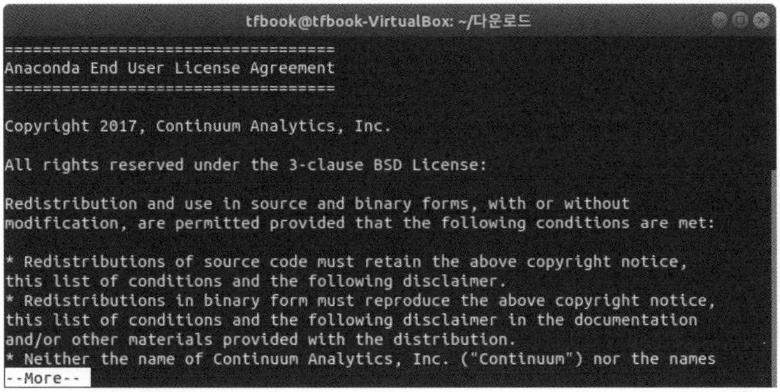

그림 2-26 아나콘다 설치 (1)

스크롤을 내리고 라이선스에 동의하는지 묻는 부분이 나오면 yes라고 입력한 뒤 [Enter] 키를 눌러서 실행합니다(그림 2-27).

그림 2-27 아나콘다 설치 (2)

아나콘다의 설치 디렉터리가 **/home/tfbook/anaconda3**(tfbook은 사용자 이름)인지 묻는데, 이 위치에 설치할 것이므로 곧바로 [Enter] 키를 누릅니다(그림 2-28).

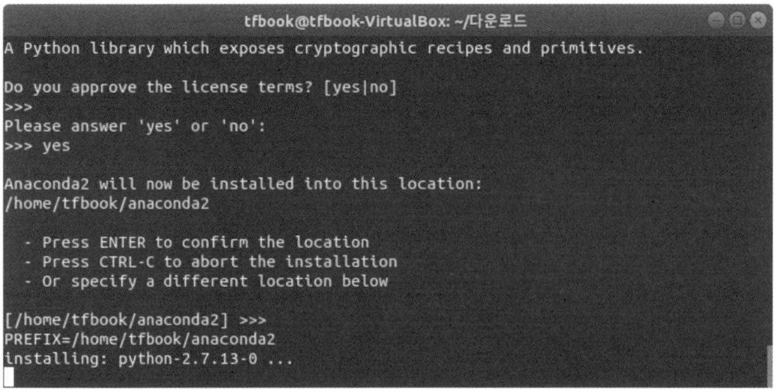

그림 2-28 아나콘다 설치 (3)

아나콘다가 설치되면서 파이썬과 함께 파이썬 라이브러리들이 하나하나 설치됩니다(그림 2-29).

그림 2-29 아나콘다 설치 (4)

아나콘다 디렉터리를 환경 변수의 경로로 추가할 것인지 물어보면, yes라고 입력한 뒤 [Enter] 키를 입력해주세요(그림 2-30).

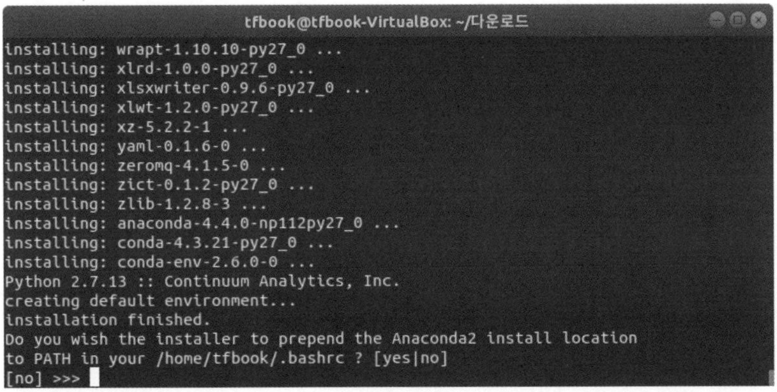

그림 2-30 아나콘다 설치 (5)

설치가 완료됐습니다(그림 2-31).

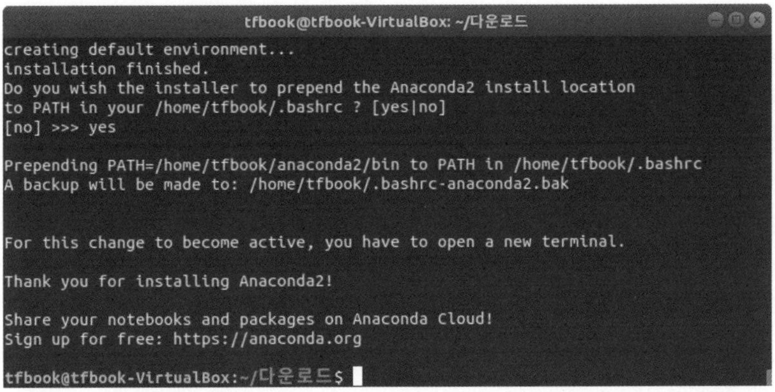

그림 2-31 아나콘다 설치 (6)

환경 변수에 아나콘다의 경로가 제대로 지정돼 있지 않으면 아나콘다와 함께 설치한 파이썬을 제대로 사용할 수 없습니다. 따라서 환경 변수가 올바르게 지정돼 있지 않다면 다음과 같이 환경 변수를 추가합니다(그림 2-32).

그리고 아나콘다가 제대로 설치됐는지 버전을 확인해봅시다.

코드 2-4

```
$ export PATH=/home/tfbook/anaconda3/bin:$PATH [Enter]
$ conda -V [Enter]
```

그림 2-32 아나콘다 설치 (7)

anaconda3 디렉터리가 홈 디렉터리 아래에 생성됐는지 확인하기 바랍니다(그림 2-33).

그림 2-33 아나콘다 설치 (8)

일단 홈 디렉터리로 돌아옵니다.

코드 2-5

```
$ cd [Enter]
```

2.1.4 텐서플로와 TFLearn 설치하기

파이썬 환경 만들기

딥러닝을 구현할 장소로 파이썬 3.6 가상 환경을 생성하겠습니다.

코드 2-6

```
$ conda create -n tfbook [Enter]
```

이때 tfbook은 가상 환경 이름입니다. 명령어를 실행하면 패키지를 설치할 것인지 묻는데, Process([y]/n)에서 **y**를 입력하면 tfbook이라는 이름으로 파이썬 3.6 가상 환경이 생성됩니다(그림 2-34).

```
tfbook@tfbook-VirtualBox: ~
tfbook@tfbook-VirtualBox:~$ conda create -n tfbook
Fetching package metadata .........
Solving package specifications:
Package plan for installation in environment /home/tfbook/anaconda3/envs/tfbook:

Proceed ([y]/n)? y
```

그림 2-34 아나콘다에 파이썬 3.6 환경 tfbook 만들기

생성한 환경을 사용할 수 있게 활성화합니다(그림 2-35). 환경은 사용을 종료하면 비활성화하기 바랍니다. 다만 일단 현재 단계에서는 텐서플로와 TFLearn을 설치할 것이므로 비활성화하지 말아주세요.

코드 2-7

```
$ source activate tfbook [Enter] # 환경 활성화
$ source deactivate tfbook [Enter] # 환경 비활성화
```

활성화하면 터미널에 **(tfbook)**이 출력됩니다.

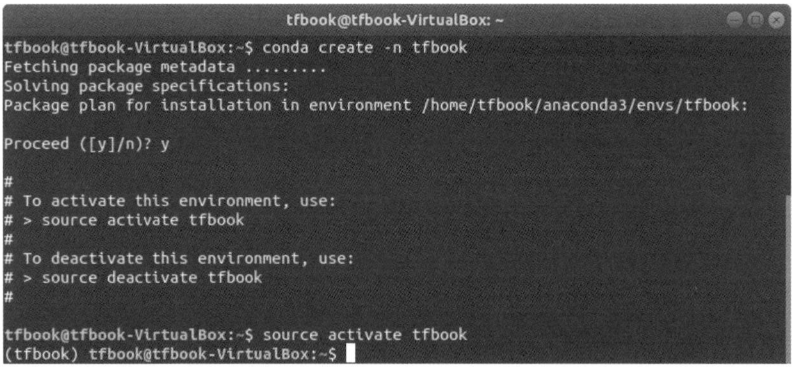

그림 2-35 tfbook 환경 활성화하기

텐서플로 설치하기

파이썬 3.6 전용 텐서플로 1.0.1을 설치합니다(그림 2-36).

코드 2-8

```
$ pip install --ignore-installed --upgrade \ https://storage.googleapis.com/tensorflow/
linux/cpu/tensorflow-1.0.1-cp36-cp36m-linux_x86_64.whl [Enter]
```

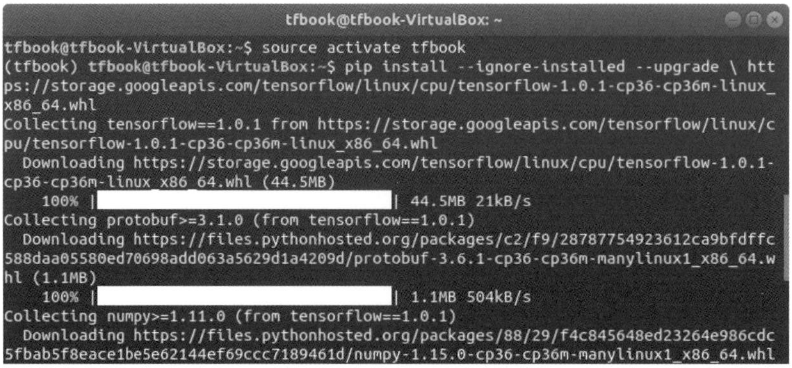

그림 2-36 텐서플로 설치

파이썬 인터렉티브 셸을 실행하고, 텐서플로 라이브러리를 읽어 들여서 설치가 제대로 됐는지 확
인해봅시다(그림 2-37). 인터렉티브 셸에서는 처리를 한 줄씩 입력해서 실행할 수 있습니다.

코드 2-9

```
$ python [Enter]
>>> import tensorflow [Enter]
>>> exit() [Enter]
```

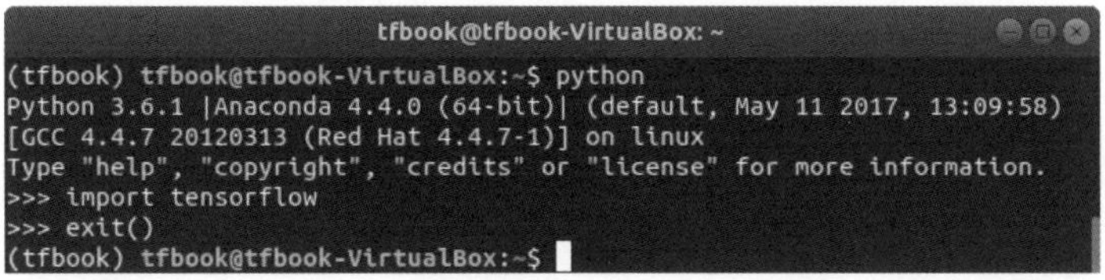

그림 2-37 텐서플로 설치 확인

TFLearn 설치하기

TFLearn 0.3.2를 설치하겠습니다(그림 2-38). 이 책의 내용은 버전 0.3.2를 기준으로 작성됐습니다. 따라서 다른 버전을 사용할 경우 실행 결과가 조금 달라지는 문제가 있을 수도 있습니다.

코드 2-10

```
$ pip install tflearn [Enter]
```

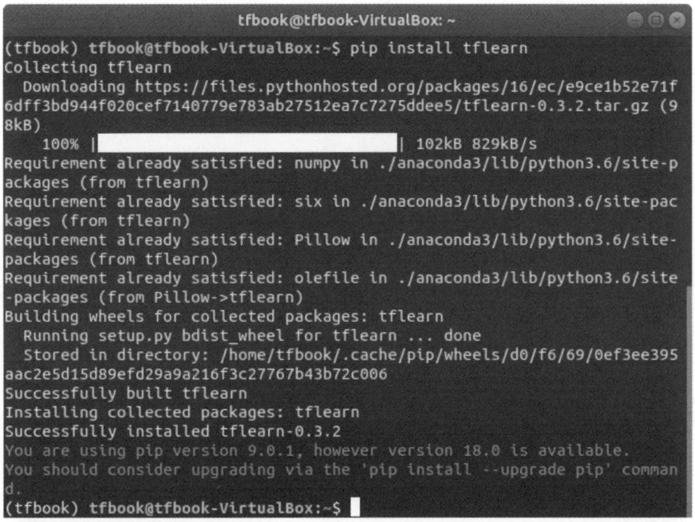

그림 2-38 TFLearn 설치하기

파이썬을 대화 모드로 실행하고, TFLearn 라이브러리를 읽어 들여봅시다. 아무 문제 없이 읽어 들여진다면 정상적으로 설치된 것입니다[7].

코드 2-11

```
$ python [Enter]
>>> import tflearn [Enter]
>>> exit() [Enter]
```

```
                    tfbook@tfbook-VirtualBox: ~
(tfbook) tfbook@tfbook-VirtualBox:~$ python
Python 3.6.1 |Anaconda 4.4.0 (64-bit)| (default, May 11 2017, 13:09:58)
[GCC 4.4.7 20120313 (Red Hat 4.4.7-1)] on linux
Type "help", "copyright", "credits" or "license" for more information.
>>> import tflearn
/home/tfbook/anaconda3/lib/python3.6/site-packages/h5py/__init__.py:34:
FutureWarning: Conversion of the second argument of issubdtype from `flo
at` to `np.floating` is deprecated. In future, it will be treated as `np
.float64 == np.dtype(float).type`.
  from ._conv import register_converters as _register_converters
>>> exit()
(tfbook) tfbook@tfbook-VirtualBox:~$
```

그림 2-39 TFLearn 설치 확인

지금까지 우분투에 딥러닝을 구현하기 위한 준비를 모두 마쳤습니다. 이 책에서는 파이썬을 사용해 코드를 작성할 때 "주피터 노트북(Jupyter Notebook)"이라는 도구를 사용합니다. 이와 관련된 내용을 곧바로 알아봅시다.

---

7 (옮긴이) 그림 2-39처럼 경고(warning) 정도는 뜰 수 있습니다.

2.2
주피터 노트북의 사용 방법

주피터 노트북(Jupyter Notebook)[1]은 오픈 소스 웹 애플리케이션입니다. 노트 형식의 문서에 소스 코드를 작성하면 해당 내용을 차례대로 실행해줍니다. 실행 결과를 실시간으로 확인하면서 작업을 진행할 수 있다는 장점이 있습니다. 웹 브라우저를 활용하며 데이터를 시각화하거나, 메모를 작성하는 등의 기능도 제공합니다. 지원하는 언어도 매우 다양한데, 파이썬, R, 줄리아, 스칼라를 포함해 40개의 프로그래밍 언어를 지원합니다. 기계 학습, 통계 분석, 수치 연산 등의 분야에서 굉장히 널리 활용되고 있습니다.

2.2.1 주피터 노트북 실행하기

주피터 노트북은 아나콘다와 함께 설치되므로 지금까지의 과정을 따라왔다면 이미 설치돼 있을 것입니다. 3장부터 본격적으로 무언가를 구현해보기 전에 주피터 노트북의 조작 방법을 살펴보겠습니다. 2.1절의 마지막 부분에서 살펴본 터미널 상태에서 곧바로 주피터 노트북을 실행해봅시다.

코드 2-12

```
$ cd anaconda3/envs/tfbook [Enter]
$ jupyter notebook [Enter]
```

---

1 http://jupyter.org/

주피터 노트북을 실행하면 브라우저에 주피터 노트북의 **Home** 화면이 출력됩니다. Home 화면에는 tfbook 디렉터리 내부에 배치된 파일과 디렉터리가 출력됩니다(그림 2-40).

그림 2-40 주피터 노트북 실행

2.2.2 새로운 노트 만들기

그럼 새로운 노트를 만들어봅시다. Home 화면 오른쪽 위에 있는 [New] 버튼을 클릭하면 드롭다운 메뉴가 출력됩니다. 메뉴에서 [Notebook: Python 3]를 클릭하면 브라우저의 새로운 탭에 노트가 출력됩니다(그림 2-41).

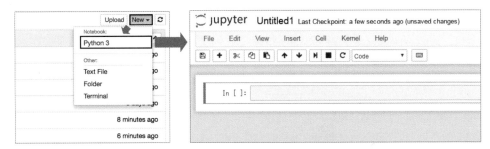

그림 2-41 새로운 노트 만들기

새로 만든 노트의 이름은 Untitled 1 같은 형식으로 되어 있습니다. 이때 Untitled 1이라는 이름을 클릭하면 원하는 이름으로 변경할 수 있습니다(그림 2-42).

그림 2-42 노트 이름 변경하기

2.2.3 파이썬 코드 입력하고 실행하기

생성한 노트에 파이썬 코드를 입력하고 실행해봅시다. 일단 테스트로 화면에 "Hello World!"라고 출력해보겠습니다(그림 2-43).

코드 2-13

```
1.  print('Hello World!')
```

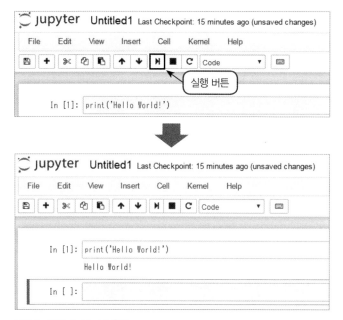

그림 2-43 Hello World! 출력

첫 번째 셀(블럭)에 코드를 작성하고 실행 버튼을 클릭합니다. 실행 버튼을 클릭하면 셀 아래에 실행 결과가 출력되며, 새로운 셀이 추가됩니다. 주피터 노트북은 이처럼 셀 단위로 코드를 실행하고, 결과를 확인하면서 구현을 진행할 수 있으므로 굉장히 편리합니다.

실행 버튼 이외의 메뉴 버튼을 간단하게 정리하면 그림 2-44와 같습니다. 필요에 따라 사용하기 바랍니다.

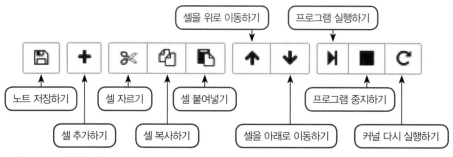

그림 2-44 노트에 있는 메뉴

2.2.4 노트 종료하기

마지막으로 노트를 종료해봅시다. 주피터 아이콘을 클릭해서 Home 화면으로 돌아간 다음(그림 2-45), 생성한 노트 이름이 출력되면 해당 노트가 실행 중이라는 의미입니다. 노트 이름 왼쪽에 있는 체크 박스에 체크하고, [Shutdown] 버튼을 클릭하면 노트가 종료됩니다(그림 2-46).

그림 2-45 Home 화면으로 이동

그림 2-46 노트 종료

지금까지 주피터 노트북의 기본적인 사용 방법을 알아봤습니다. 간단하게 파이썬으로 문자열을 출력하는 코드만 실행해봤는데, 다음 절부터는 다양한 자료형과 구문 등의 파이썬 프로그래밍의 기초를 살펴보겠습니다.

2.3

파이썬 프로그래밍 기초

파이썬은 스크립트 언어로, 처음 프로그래밍을 시작하는 사람들에게 매우 많은 인기를 얻고 있는 프로그래밍 언어입니다. 이미 C 언어 또는 자바 등을 알고 있는 사람이라면 파이썬 문법에 조금만 익숙해지면 쉽게 사용할 수 있을 것입니다. 이번 절에서는 다른 프로그래밍 언어에 경험이 있다는 것을 전제로 간단하게 파이썬 문법을 설명하겠습니다. 주피터 노트북을 사용해서 파이썬 프로그래밍을 시작해봅시다.

2.3.1 변수와 자료형

변수를 다루는 방법과 자료형에 관해서 설명하겠습니다. 변수는 자료를 저장하기 위한 상자이며, 자료형은 자료의 종류를 나타냅니다.

변수에 자료를 저장하고, 해당 자료형을 확인해봅시다. 주피터 노트북에서 새로운 노트를 만들고, 노트의 셀에 다음과 같은 코드를 입력한 다음 실행해봅시다.

코드 2-14

```
1.  # 정수(int) 자료형 확인하기
2.  num = 1
3.  type(num)
```

▶▶▶ 2~3번째 줄: 변수 num에 정수 1을 저장하고, 변수 num의 자료형을 출력합니다(그림 2-47).

```
In [2]: # 정수(int) 자료형 확인하기
        num = 1
        type(num)

Out[2]: int
```

그림 2-47 변수와 자료형 확인 (1)

변수 num의 자료형은 int(정수) 자료형입니다. 추가로 print 함수를 사용해서 결과를 출력해 볼 수도 있습니다(그림 2-48).

```
In [2]: # 정수(int) 자료형 확인하기
        num = 1
        type(num)

        <class 'int'>
```

그림 2-48 변수와 자료형 확인 (2)

변수에는 부동소수점 또는 문자열 값도 저장할 수 있습니다.

코드 2-15

```
1.  # 부동소수점(float) 자료형
2.  num = 1.1
3.  print(type(num))
4.
5.  # 문자열(str) 자료형
6.  str = 'Hello World!'
7.  print(type(str))
```

▶▶▶ 2~3번째 줄: 변수 num에 부동소수점 1.1을 저장하고, 변수 num의 자료형을 출력합니다.

▶▶▶ 6~7번째 줄: 변수 str에 문자열 "Hello World!"를 저장하고, 변수 str의 자료형을 출력합니다.

```
In [3]: # 부동소수점(float) 자료형
        num = 1.1
        print(type(num))

        # 문자열(str) 자료형
        str = 'Hello World!'
        print(type(str))

        <class 'float'>
        <class 'str'>
```

그림 2-49 변수와 자료형 확인 (3)

변수 num의 자료형은 float(부동소수점) 자료형, 변수 str의 자료형은 str(문자열) 자료형입니다. 이 이외에도 bool(논리값) 자료형도 많이 사용됩니다. bool 자료형은 True 또는 False 값을 가지는 자료형으로, 조건 분기 처리에 많이 사용됩니다.

> 지금까지는 소스 코드, 소스 코드를 셀에 입력했을 때의 화면, 실행 결과를 모두 보여드렸는데,
> 지금부터는 소스 코드와 실행 결과만 보여드리겠습니다.

2.3.2 리스트

리스트(배열)를 다루는 방법을 살펴보겠습니다. 리스트는 값을 저장하는 상자가 여러 개 연속된 형태의 덩어리를 생각하면 쉽습니다. 일단 숫자 데이터의 리스트를 살펴봅시다.

코드 2-16

```
1.  # 리스트 조작(int)
2.  list = [1, 2, 3, 4, 5]
3.  print('list =', list)
4.
5.  # 리스트 list의 첫 번째 요소 추출하기
6.  print('list[0] =', list[0])
```

▶▶▶ 2~3번째 줄: 5개의 값(1, 2, 3, 4, 5)을 가진 리스트 list를 생성하고, list를 화면에 출력합니다(그림 2-50).

▶▶▶ 5~6번째 줄: 리스트 list의 첫 번째 요소를 추출해서 화면에 출력합니다.

```
list = [1, 2, 3, 4, 5]
list[0] = 1
```

그림 2-50 리스트 조작 결과 (1)

배열 list에 저장돼 있는 값은 1, 2, 3, 4, 5입니다. 그리고 배열 list의 첫 번째 요소는 1입니다. 참고로 배열은 요소를 0부터 세므로, 첫 번째 요소를 꺼내려면 list[0]을 사용해야 합니다.

이어서 문자열 데이터를 배열과 조합해서 사용해봅시다.

코드 2-17

```
1.  # 리스트 조작(str)
2.  list = ['a', 'b', 'c', 'd', 'e']
3.  print('list =', list)
4.
5.  # 리스트 list의 첫 번째 요소 추출하기
6.  print('list[0] =', list[0])
7.
8.  # 리스트의 길이
9.  print('length =', len(list))
```

▶▶▶ 2~3번째 줄: 5개의 값(a, b, c, d, e)을 가진 리스트 list를 생성하고, list를 화면에 출력합니다.

▶▶▶ 6번째 줄: 리스트 list의 첫 번째 요소를 추출해서 화면에 출력합니다.

▶▶▶ 9번째 줄: 리스트 list의 크기(길이)를 화면에 출력합니다.

```
list = ['a', 'b', 'c', 'd', 'e']
list[0] = a
length = 5
```

그림 2-51 리스트 조작 결과 (2)

리스트 list에 저장된 값은 a, b, c, d, e라는 문자입니다. 그리고 리스트 list의 첫 번째 요소는
a입니다. 그리고 리스트 list의 길이는 리스트에 담긴 요소의 개수를 의미하며 5입니다.

지금까지 1차원 리스트를 살펴봤는데, 리스트는 중첩해서 2차원으로 구성할 수도 있습니다.

코드 2-18

```
1.  # 2차원 배열 조작
2.  list = [1, [2, 3], 4, 5]
3.  print('list =', list)
4.
5.  # 배열의 길이
6.  print('length =', len(list))
```

▶▶▶ 2~3번째 줄: 5개의 값(1, 2, 3, 4, 5)을 가진 리스트 list를 생성하고, list를 화면에 출력합니다(그림 2-52). 그런데 2와 3은 하나의 리스트에 중첩해서 묶여 있습니다.

▶▶▶ 6번째 줄: 리스트 list의 크기(길이)를 화면에 출력합니다.

```
list = [1, [2, 3], 4, 5]
length = 4
```

그림 2-52 리스트 조작 결과 (3)

리스트 list의 길이는 4입니다. 2와 3을 가진 리스트도 하나의 요소이므로 4라는 결과가 나오는 것입니다.

리스트에 요소와 리스트를 추가해봅시다.

코드 2-19

```
1.  # 배열에 요소 추가하기
2.  list = [1, 2, 3, 4, 5]
3.  print('list =', list)
4.
5.  # 요소 추가하기
6.  list.append(6)
7.  print('list =', list)
8.
9.  # 다른 리스트 추가하기
10. list.append([7, 8])
11. print('list =', list)
12.
13. # 다른 리스트의 요소 추가하기
14. list.extend([9, 10])
15. print('list =', list)
```

▶▶▶ 2~3번째 줄: 5개의 값(1, 2, 3, 4, 5)을 가진 배열 list를 생성하고, 배열 list를 화면에 출력합니다(그림 2-53).

▶▶▶ 6~7번째 줄: 배열 list에 값 6을 추가하고, 화면에 출력합니다.

▶▶▶ 10~11번째 줄: 배열 list에 배열 [7, 8]을 추가하고, 화면에 출력합니다.

▶▶▶ 14~15번째 줄: 배열 list에 배열 [9, 10]의 요소들을 각각 추가하고, 화면에 출력합니다.

```
list = [1, 2, 3, 4, 5]
list = [1, 2, 3, 4, 5, 6]
list = [1, 2, 3, 4, 5, 6, [7, 8]]
list = [1, 2, 3, 4, 5, 6, [7, 8], 9, 10]
```

그림 2-53 배열 조작 결과(4)

append 함수는 매개 변수를 배열에 그대로 추가합니다. extend 함수는 배열의 요소를 추출한 다음 각 요소를 배열에 추가합니다.

그럼 배열 내부에 있는 요소를 제거하는 방법도 간단하게 살펴봅시다.

코드 2-20

```
1.  # 배열에서 요소 제거하기
2.  list = [1, 2, 3, 4, 5]
3.  print('list =', list)
4.
5.  # 인덱스를 지정해서 요소 제거하기
6.  list.pop(0)
7.  print('list =', list)
8.
9.  # 마지막 요소 제거하기
10. list.pop()
11. print('list =', list)
12.
13. # 요소 지정해서 제거하기
14. list.remove(3)
15. print('list =', list)
```

▶▶▶ 2~3번째 줄: 5개의 값(1, 2, 3, 4, 5)을 가진 배열 list를 생성하고, 배열 list를 화면에 출력합니다(그림 2-54).

▶▶▶ 6~7번째 줄: 배열 list의 0번째 요소를 제거하고, 화면에 출력합니다.

▶▶▶ 10~11번째 줄: 배열 list의 마지막 요소를 제거하고, 화면에 출력합니다.

▶▶▶ 14~15번째 줄: 배열 list에서 지정한 요소를 제거하고, 화면에 출력합니다.

```
list = [1, 2, 3, 4, 5]
list = [2, 3, 4, 5]
list = [2, 3, 4]
list = [2, 4]
```

그림 2-54 배열 조작 결과 (5)

pop 함수는 배열의 인덱스를 지정해서, 요소를 제거합니다. 이때 인덱스를 지정하지 않으면 마지막 요소가 제거됩니다.

2.3.3 식과 연산자

변수에 저장한 값과 연산자를 사용해 계산해봅시다. 일단 숫자 데이터의 기본적인 사칙 연산입니다.

코드 2-21

```
1.  # 변수(int) 연산하기
2.  num1 = 1
3.  num2 = 2
4.  print('num1 =', num1)
5.  print('num2 =', num2)
6.
7.  # 덧셈
8.  num3 = num1 + num2
9.  print('num1 + num2 =', num3)
10. # 뺄셈
11. num3 = num1 - num2
12. print('num1 - num2 =', num3)
13. # 곱셈
14. num3 = num1 * num2
15. print('num1 * num2 =', num3)
```

```
16.  # 나눗셈
17.  num3 = num1 / num2
18.  print('num1 / num2 =', num3)
19.  # 나머지
20.  num3 = num1 % num2
21.  print('num1 % num2 =', num3)
```

▶▶▶ 2~5번째 줄: 변수 num1에 1을 저장하고, 변수 num2에 2를 저장한 뒤, 화면에 출력합니다.

▶▶▶ 8~9번째 줄: 변수 num1과 num2를 더한 결과를 num3에 저장하고, 화면에 출력합니다.

▶▶▶ 11~12번째 줄: 변수 num1에서 num2를 뺀 결과를 num3에 저장하고, 화면에 출력합니다.

▶▶▶ 14~15번째 줄: 변수 num1과 num2를 곱한 결과를 num3에 저장하고, 화면에 출력합니다.

▶▶▶ 17~18번째 줄: 변수 num1를 num2로 나눈 결과를 num3에 저장하고, 화면에 출력합니다.

▶▶▶ 20~21번째 줄: 변수 num1을 num2로 나눈 나머지를 num3에 저장하고, 화면에 출력합니다.

```
num1 = 1
num2 = 2
num1 + num2 = 3
num1 - num2 = -1
num1 * num2 = 2
num1 / num2 = 0.5
num1 % num2 = 1
```

그림 2-55 변수(숫자) 연산 결과

지금까지 자료형이 같은 변수끼리의 연산을 살펴봤는데, 자료형이 다른 변수끼리의 연산도 살펴봅시다.

코드 2-22

```
1.  # 변수(int와 float) 연산하기
2.  num1 = 1.1
3.  num2 = 2
4.  print('num1 =', num1)
5.  print('num2 =', num2)
```

```
6.
7.  num3 = num1 * num2
8.  print('num1 * num2 =', num3)
```

▶▶▶ 2~5번째 줄: 변수 num1에 1.1을 저장하고, 변수 num2에 2를 저장한 뒤 화면에 출력합니다.

▶▶▶ 7~8번째 줄: 변수 num1과 num2를 곱한 결과를 num3에 출력하고, 화면에 출력합니다.

```
num1 = 1.1
num2 = 2
num1 * num2 = 2.2
```

그림 2-56 변수(숫자) 연산 결과

이번에는 문자열 데이터로 간단한 연산을 해봅시다.

코드 2-23

```
1.  # 변수(str) 연산하기
2.  str1 = 'Hello World!'
3.  str2 = 'Python의 세계에 어서오세요!'
4.  print('str1' + ' = ' + str1)
5.  print('str2' + ' = ' + str2)
6.
7.  # 탭을 구분 문자로 결합하기
8.  str3 = str1 + '\t' + str2
9.  print('str1_str2' + ' : ' + str3)
10. # 줄바꿈을 구분 문자로 결합하기
11. str3 = str1 + '\n' + str2
12. print('str1_str2' + ' : ' + str3)
13.
14. # 0번째 문자열 추출하기
15. str3 = str1[0]
16. print('str1[0]' + ' = ' + str3)
17. # 0번째 문자에서 2번째 문자까지 추출하기
18. str3 = str1[0:3]
19. print('str1[0:3]' + ' = ' + str3)
```

```
20. # 1번째 문자 이후 부분 추출하기
21. str3 = str1[1:]
22. print('str1[1:]' + ' = ' + str3)
23.
24. # 문자열을 띄어쓰기로 자르기
25. slist = str1.split(' ')
26. print('문자열을 띄어쓰기로 자르기:', slist)
27. # 문자열 _로 결합하기
28. str4 = '_'.join(slist)
29. print('문자열 _로 결합하기:', str4)
```

▶▶▶ 2~5번째 줄: 변수 str1에 "Hello World!"를 저장하고, 변수 str2에 "Python의 세계에 어서 오세요!"를 저장한 뒤 화면에 출력합니다.

▶▶▶ 8~9번째 줄: 변수 str1과 str2를 탭 문자로 구분해서 결합하고, 변수 str3에 저장한 뒤 화면에 출력합니다.

▶▶▶ 11~12번째 줄: 변수 str1과 str2를 줄바꿈 문자로 구분해서 결합하고, 변수 str3에 저장한 뒤 화면에 출력합니다.

▶▶▶ 15~16번째 줄: 변수 str1의 0번째 문자를 추출하고, 변수 str3에 저장한 뒤 화면에 출력합니다.

▶▶▶ 18~19번째 줄: 변수 str1의 0~2번째 문자를 추출하고, 변수 str3에 저장한 뒤 화면에 출력합니다.

▶▶▶ 21~22번째 줄: 변수 str1의 1번째 문자 이후 부분을 모두 추출하고, 변수 str3에 저장한 뒤 화면에 출력합니다.

▶▶▶ 25~26번째 줄: 변수 str1을 공백으로 자르고, 결과를 배열 slist에 저장한 뒤 화면에 출력합니다.

▶▶▶ 28~29번째 줄: 배열 slist의 요소를 언더 바(_)로 결합하고, 결과를 문자열 str4에 저장한 뒤 화면에 출력합니다.

```
str1 = Hello World!
str2 = Python의 세계에 어서오세요!
str1_str2 : Hello World!        Python의 세계에 어서오세요!
str1_str2 : Hello World!
Python의 세계에 어서오세요!
str1[0] = H
str1[0:3] = Hel
str1[1:] = ello World!
문자열을 띄어쓰기로 자르기: ['Hello', 'World!']
문자열 _로 결합하기: Hello_World!
```

그림 2-57 변수(문자열) 연산 결과

파이썬에서 자주 사용되는 몇 가지 연산자를 정리해보면 다음과 같습니다.

표 2-2 숫자 연산자

연산자	의미	예
+	덧셈	
−	뺄셈	
*	곱셈	
/	나눗셈	
%	나머지	
**	제곱	
//	나눗셈(소수점 부분 제거)	

표 2-3 문자열 연산자

연산자	의미	사용 예
+	연결	
*	(n번) 반복	
[n]	n번째 문자 추출	
[n:m]	n부터 m−1번째 문자 추출	
[n:]	n번째 이후의 문자 추출	
[:m]	m−1까지의 문자 추출	
[n:m:s]	n부터 m까지의 문자를 s개씩 건너뛰면서 추출	

2.3.4 조건 분기와 반복

조건 분기

if~elif~else로 제어하는 조건 분기 구문에 대해서 살펴봅시다. 일단 숫자 데이터를 대상으로
처리하는 방법입니다.

코드 2-24

```
1.  # 조건 분기(숫자)
2.  num1 = 1
3.  num2 = 2
4.  print('num1 =', num1)
5.  print('num2 =', num2)
6.
7.  # 숫자 비교하기
8.  if num1 == num2:
9.    print('num1과 num2는 같습니다')
10. elif num1 < num2:
11.   print('num2는 num1보다 큽니다')
12. else:
13.   print('이외의 경우입니다')
```

▶▶▶ 2~5번째 줄: 변수 num1에 값 1을 저장하고, 변수 num2에 값 2를 저장한 뒤 화면에 출력합니다.

▶▶▶ 8~9번째 줄: 변수 num1과 num2가 같으면 화면에 "num1과 num2는 같습니다"라고 출력합니다.

▶▶▶ 10~11번째 줄: 변수 num1보다 num2가 크면 화면에 "num2는 num1보다 큽니다"라고 출력
합니다.

▶▶▶ 12~13번째 줄: 8번째 줄, 10번째 줄의 조건과 일치하지 않는 경우, 화면에 "이외의 경우입니다"라
고 출력합니다.

```
num1 = 1
num2 = 2
num2는 num1보다 큽니다
```

그림 2-58 조건 분기 처리 결과 (1)

if 조건에 일치하면 다음 줄부터 들여쓰기 된 부분의 처리를 실행합니다. 조건이 여러 가지 있다면 elif를 사용해서 조건을 추가합니다. if 조건과 elif 조건 모두 해당하지 않는 경우는 else 다음 줄부터 들여쓰기 된 부분의 처리를 실행합니다.

문자열 데이터를 대상으로도 조건 분기를 해봅시다.

코드 2-25

```
1.   # 조건 분기(문장)
2.   str1 = 'Python'
3.   str2 = 'Python의 세계에 어서오세요!'
4.   print('str1' + ' = ' + str1)
5.   print('str2' + ' = ' + str2)
6.
7.   # 문자열이 포함되어 있는지 확인하기
8.   if str1 in str2:
9.       print('문자열에 "Python"이 포함되어 있습니다')
10.  else:
11.      print('문자열에 "Python"이 포함되어 있지 않습니다')
```

▶▶▶ 2~5번째 줄: 변수 str1에 문자열 "Python"을 저장하고, 변수 str2에 문자열 "Python의 세계에 어서오세요!"를 저장하고 화면에 출력합니다.

▶▶▶ 8~9번째 줄: 변수 str2에 str1 문자열이 포함돼 있다면 화면에 '문자열에 "Python"이 포함되어 있습니다'라고 출력합니다.

▶▶▶ 10~11번째 줄: 8번째 줄의 조건에 해당하지 않는 경우, 화면에 '문자열에 "Python"이 포함되어 있지 않습니다'라고 출력합니다.

```
str1 = Python
str2 = Python의 세계에 어서오세요!
문자열에 "Python"이 포함되어 있습니다
```

그림 2-59 조건 분기 처리 결과 (2)

반복

이어서 for 문과 while 문으로 제어하는 반복(루프) 구문에 대해서 살펴봅시다.

코드 2-26

```
1.  # 반복
2.  list = [[1, 2, 3], [4, 5], [6]]
3.
4.  # 배열에서 요소를 하나씩 추출하고 출력합니다.
5.  for row in list:
6.    print(row)
7.
8.  # 배열에서 요소를 하나씩 추출하고 출력합니다.
9.  i = 0
10. while i < len(list):
11.   print(list[i])
12.   i = i + 1
13.
14. # 인덱스를 붙이고 배열에서 요소를 하나씩 추출하고 출력합니다.
15. for (i, d) in enumerate(list):
16.   print(i, d)
```

▶▶▶ 2번째 줄: 6개의 값 (1, 2, 3, 4, 5, 6)을 가진 배열 list를 생성합니다. 이때 [1, 2, 3], [4, 5], [6]은 각각 하나의 배열입니다.

▶▶▶ 5~6번째 줄: 배열 list에 포함된 요소를 하나씩 읽어 들이고, 변수 row에 저장한 뒤 화면에 출력합니다.

▶▶▶ 10~12번째 줄: 배열 list에 포함된 요소를 하나씩 읽어 들이고, 화면에 출력합니다. 변수 i가 0부터 배열의 크기까지 반복됩니다. 처리가 한 번 종료될 때마다 변수 i를 1씩 더합니다.

▶▶▶ 15~16번째 줄: 배열 list에 인덱스를 붙이고 요소를 추출한 뒤 화면에 출력합니다.

```
[1, 2, 3]
[4, 5]
[6]
[1, 2, 3]
[4, 5]
[6]
0 [1, 2, 3]
1 [4, 5]
2 [6]
```

그림 2-60 반복 처리 결과

for 문과 while 문의 실행 결과는 같습니다. 위의 for 문과 enumerate를 조합하면 인덱스를 붙여서 반복을 돌릴 수 있습니다.

조건 분기와 반복 처리에서 자주 사용되는 비교 연산자를 정리하면 표 2-4와 같습니다. 이후 프로그램을 구현할 때 참고하기 바랍니다.

표 2-4 비교 연산자

연산자	의미	사용 예
==	같음	
!=, <>	같지 않음	
<	작음	
>	큼	
<=	작거나 같음	
>=	크거나 같음	
is	같음	
is not	같지 않음	
in	포함되어 있음	
not in	포함되어 있지 않음	

2.3.5 함수와 라이브러리

함수

예를 들어 복잡한 연산을 처리하는 코드를 여러 번 사용한다고 합시다. 같은 코드를 여러 번 복사해서 사용하면 코드의 전체적인 길이가 길어질 것입니다. 이러할 때는 여러 번 반복되는 처리를 함수로 만들어 사용하면 코드의 전체적인 길이를 줄일 수 있는 것은 물론이고, 코드를 쉽게 읽을 수 있게 됩니다. 다음 코드는 2개의 변수를 더하는 처리를 함수로 만들어 사용하는 간단한 예입니다.

코드 2-27

```
1.  # 함수 정의하기
2.  def func(x, y):
3.      z = x + y # 덧셈
4.      return z
5.
6.  # 함수 호출하기
7.  num1 = 1
8.  num2 = 2
9.
10. num3 = func(num1, num2)
11. print('num3 =', num3)
```

▶▶▶ 2~4번째 줄: 매개 변수로 x와 y를 가지는 func라는 이름의 함수를 정의합니다. 매개 변수는 함수를 호출할 때 전달하는 값을 저장하는 변수입니다. func 함수의 처리는 들여쓰기한 블록 내부에 작성합니다. 변수 x와 y를 더하고, 결과를 변수 z에 저장한 뒤 리턴합니다.

▶▶▶ 10번째 줄: 변수 num1과 num2를 매개 변수로 지정해서 func 함수를 호출하고, 처리 결과를 변수 num3에 저장합니다.

```
num3 = 3
```

그림 2-61 함수의 실행 결과

자주 사용되는 처리를 함수로 만들면 가독성이 높고, 간략한 코드를 만들 수 있습니다. 하지만 함수를 너무 많이 사용하면 실행할 코드가 이곳저곳을 왔다갔다 해야 하기 때문에 코드의 흐름을 이해하기 힘들게 되므로 적당하게 사용하는 것이 포인트라고 할 수 있습니다.

자주 사용하는 처리를 함수로 만들고 호출하는 방법을 소개했습니다. 함수는 직접 만드는 경우도 꽤 있지만, 복잡하고 자주 사용되는 처리는 이미 누군가가 라이브러리라는 형태로 만들어 제공해줍니다. 그럼 이 책에서 사용하는 몇 가지 라이브러리를 간단하게 살펴보겠습니다.

Numpy 라이브러리

Numpy 라이브러리는 숫자 계산을 위한 함수를 제공하는 패키지입니다. 딥러닝은 배열을 다루는 행렬 연산을 굉장히 많이 하므로, 딥러닝을 할 때 꼭 필요한 라이브러리라고 할 수 있습니다. 간단하게 Numpy의 기본적인 사용 방법을 살펴봅시다.

코드 2-28

```
1.  # Numpy 라이브러리 읽어 들이기
2.  import numpy as np
3.
4.  # 배열 만들기
5.  array = np.array([[1,2,3],[4,5,6],[7,8,9]])
6.  print('array =', array)
7.
8.  # 요소의 자료형
9.  print('요소의 자료형:', array.dtype)
10.
11. # 요소 수
12. print('요소 수:', array.size)
13.
14. # 차원 수
15. print('차원 수:', array.ndim)
16.
17. # 각 차원의 요소 수
18. print('각 차원의 요소 수:', array.shape)
19.
```

```
20. # 배열 전체 요소를 2로 나누기
21. div_array_1 = array / 2
22. print('div_array_1 =', div_array_1)
23.
24. # 첫 번째 배열의 첫 번째 요소를 추출하고 2로 나누기
25. div_array_2 = array[0][0] / 2
26. print('div_array_2 =', div_array_2)
```

▶▶▶ 2번째 줄: Numpy 라이브러리를 읽어 들입니다.

▶▶▶ 5~6번째 줄: Numpy 배열 array를 생성하고, 값을 화면에 출력합니다.

▶▶▶ 9번째 줄: 배열 array가 가진 요소의 자료형을 출력합니다.

▶▶▶ 11번째 줄: 배열 array의 요소 수를 화면에 출력합니다.

▶▶▶ 14번째 줄: 배열 array의 차원 수를 화면에 출력합니다.

▶▶▶ 16번째 줄: 배열 array의 차원의 크기를 출력합니다.

▶▶▶ 19~20번째 줄: 배열 array의 모든 요소를 2로 나누고, 결과를 화면에 출력합니다.

▶▶▶ 23~24번째 줄: 배열 array의 [0][0]번째 요소를 2로 나누고, 결과를 화면에 출력합니다.

```
array = [[1 2 3]
 [4 5 6]
 [7 8 9]]
요소의 자료형: int64
요소 수: 9
차원 수: 2
각 차원의 요소 수: (3, 3)
div_array_1 = [[ 0.5 1.  1.5]
 [ 2.  2.5 3. ]
 [ 3.5 4.  4.5]]
div_array_2 = 0.5
```

그림 2-62 Numpy 라이브러리 실행 결과 (1)

코드 2-29

```
1.  # 배열을 1차원으로 변환하기
2.  flatten_array = array.flatten()
3.  print('flatten_array =', flatten_array)
4.
5.  # 0으로 구성된 배열 만들기
6.  zero_array = np.zeros(9)
7.  print('zero_array =', zero_array)
8.
9.  # Numpy 배열을 리스트로 변환하기
10. list = array.tolist()
11. print('list =', list)
12. print(type(list))
13.
14. # 리스트를 Numpy 배열로 변환하기
15. array = np.array(list)
16. print('array =', array)
17. print(type(array))
```

▶▶▶ 2~3번째 줄: 2차원의 Numpy 배열 array를 1차원으로 변환하고, 화면에 출력합니다.

▶▶▶ 6~7번째 줄: 값이 0인 요소 9개를 가지는 배열 zero_array를 생성하고, 값을 화면에 출력합니다.

▶▶▶ 10~12번째 줄: Numpy 배열 array를 배열(리스트) list로 변환하고, 요소의 값과 배열의 종류를 화면에 출력합니다.

▶▶▶ 15~17번째 줄: 배열(리스트) list를 Numpy 배열 array로 변환하고, 요소의 값과 배열의 종류를 화면에 출력합니다.

```
flatten_array = [1 2 3 4 5 6 7 8 9]
zero_array = [ 0.  0.  0.  0.  0.  0.  0.  0.  0.]
list = [[1, 2, 3], [4, 5, 6], [7, 8, 9]]
<class 'list'>
array = [[1 2 3]
 [4 5 6]
 [7 8 9]]
<class 'numpy.ndarray'>
```

그림 2-63 Numpy 라이브러리 실행 결과 (2)

itertools 라이브러리

itertools 라이브러리는 반복 처리를 하기 위한 함수를 제공하는 패키지입니다.

코드 2-30

```
1.  # itertools 라이브러리 읽어 들이기
2.  import itertools
3.
4.  list = [1, 2, 3, 4, 5]
5.  # 조합
6.  for x in itertools.combinations(list, 2):
7.      print(x)
8.
9.  # 하나의 연속된 배열로 결합하기
10. for x in itertools.chain(list, ['a', 'b', 'c']):
11.     print(x)
```

▶▶▶ 2번째 줄: itertools 라이브러리를 읽어 들입니다.

▶▶▶ 4번째 줄: 배열 list를 생성합니다.

▶▶▶ 6~7번째 줄: 배열 list 요소의 쌍을 추출하고, 화면에 출력합니다.

▶▶▶ 10~11번째 줄: 배열 list에 배열 ['a', 'b', 'c']를 결합하고, 요소의 값을 화면에 출력합니다.

```
(1, 2)
(1, 3)
(1, 4)
(1, 5)
(2, 3)
(2, 4)
(2, 5)
(3, 4)
(3, 5)
(4, 5)
1
2
3
4
5
a
b
c
```

그림 2-64 itertools 라이브러리의 실행 결과

collections 라이브러리의 Counter 클래스

collections 라이브러리에 포함된 Counter 클래스는 카운터 처리(숫자를 세는 처리)를 제공하는 함수를 가지고 있습니다.

코드 2-31

```
1.  # Counter 클래스 읽어 들이기
2.  from collections import Counter
3.
4.  list = ['a', 'b', 'c', 'a', 'a', 'c']
5.
6.  counter = Counter(list)
7.  print(counter)
8.
9.  for elem, cnt in counter.most_common():
10.     print(elem, cnt)
```

▶▶▶ 2번째 줄: Counter 클래스의 함수를 사용할 수 있게, 라이브러리를 읽어 들입니다.

▶▶▶ 4번째 줄: 배열 list를 생성합니다.

▶▶▶ 6~7번째 줄: 배열 list의 요소 출현 수를 세고, 결과를 화면에 출력합니다. 결과는 키와 값 쌍으로 구성된 "딕셔너리 자료형"입니다.

▶▶▶ 9~10번째 줄: 출현 순서가 높은 순서대로 차례로 화면에 출력합니다. most_common의 매개 변수 n을 입력하면 상위 n개의 키와 값을 리턴합니다. 예제에서는 매개 변수를 따로 지정하지 않았는데, 아무것도 입력하지 않으면 전체를 리턴합니다.

```
Counter({'a': 3, 'c': 2, 'b': 1})
a 3
c 2
b 1
```

그림 2-65 Counter 클래스의 실행 결과

2장 정리

이번 장의 전반부에서는 딥러닝 환경을 구축하는 방법을 살펴봤습니다. 이 책에서는 윈도우 10 위에 구축한 가상 환경인 우분투 18.04(64bit)에서 딥러닝을 구현합니다. 가상 환경을 구축하고 실행해주는 버추얼박스라는 소프트웨어를 설치하고, 우분투 가상 환경을 설치하고 설정했습니다.

우분투를 설정한 후에는 구현에 필요한 파이썬 환경을 구축하고, 관련된 라이브러리를 설치하는 방법을 설명했습니다. 이 책에서는 아나콘다를 사용해서 파이썬 환경을 구축하고 필요한 라이브러리로 텐서플로, TFLearn 등을 설치했습니다.

이번 장의 후반부에서는 파이썬 프로그래밍 언어의 기초적인 부분과 실행 방법을 설명했습니다. 다음 장부터 딥러닝을 본격적으로 공부해보기 전에 간단하게 몸을 풀었다고 생각해주세요. 이 책에서는 주피터 노트북에서 파이썬 코드를 작성하고 실행합니다. 자료형, 제어문과 같이 이 책에 필요한 최소한의 문법도 살펴봤습니다. 이보다 복잡한 문법과 관련된 내용은 다른 파이썬 도서를 참고하기 바랍니다.

다음 장부터는 딥러닝 방법에 대해 이해하고, 이번 장에서 구축한 환경을 활용해서 딥러닝을 실제로 구현해봅시다.

03장

심층 신경망
맛보기

이번 장부터는 2장에서 구축한 환경을 사용해 딥러닝을
구현해보겠습니다. 신경망과 딥러닝의 구조를 이해한 후,
손글씨 문자 이미지를 제공하는 MNIST 데이터 세트를
사용해서 이미지 분류를 해보겠습니다.

3.1
신경망의 구조

신경망은 머신러닝 방법 중에 하나로, 사람 뇌 구조를 기반으로 고안된 방법입니다. 네트워크는 **입력 레이어, 중간 레이어(은닉 레이어), 출력 레이어**를 가진 계층 구조로 구성됩니다. 입력 레이어는 입력 데이터(학습 데이터)를 받는 레이어이며, 출력 레이어는 학습 결과를 출력하는 레이어이고, 중간 레이어는 데이터에서 특징량을 추출하는 레이어입니다. 각 레이어에는 "○"로 표현되는 노드가 배치돼 있으며, 노드끼리는 "–"로 표현되는 **엣지(링크)**로 연결됩니다. 엣지는 인접한 레이어의 노드들을 연결합니다. 그리고 엣지는 **가중치**라고 부르는 값을 가지고 있습니다.

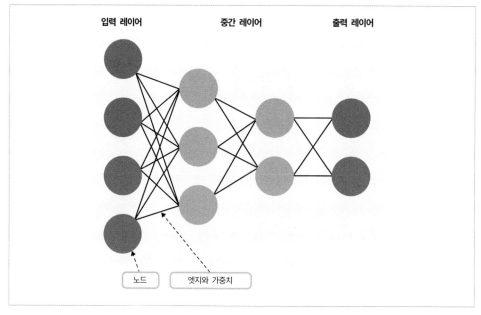

그림 3-1 전결합 신경망

입력 레이어부터 왼쪽에서 오른쪽으로 계산이 이뤄지는 것을 "**순전파**"라고 부르며, 반대로 출력 레이어부터 오른쪽에서 왼쪽으로 계산이 이뤄지는 것을 "**역전파**"라고 부릅니다. 순전파와 역전파가 반복되면서 학습을 하게 됩니다. 그럼 일단 순전파부터 살펴봅시다.

3.1.1 순전파의 구조

순전파는 데이터를 입력 레이어에서 순서대로 보내서 왼쪽에서 오른쪽으로 계산하는 것입니다. 각 레이어에 있는 각 노드에 값을 할당하려면 하나 앞의 레이어에 있는 노드에서 값과 엣지의 가중치를 곱한 뒤 모든 결과를 더합니다.

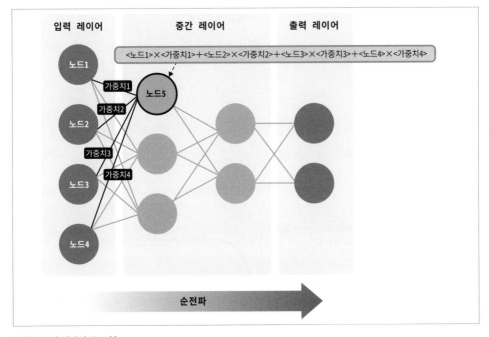

그림 3-2 순전파의 구조 (1)

이렇게 더해진 결과를 "**활성화 함수**"로 변환하면 해당 노드의 값이 구해집니다. 이렇게 구해진 값은 다음 노드로 전달합니다.

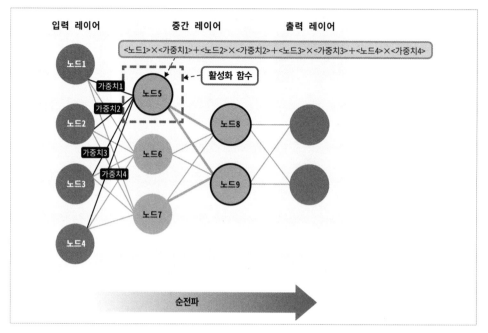

그림 3-3 순전파의 구조 (2)

활성화 함수는 더한 결과를 비선형적인 값으로 변환하기 위한 함수입니다. 중간 레이어의 활성화 함수로는 시그모이드 함수, 쌍곡선 함수(tanh : 하이퍼볼릭 탄젠트 함수), ReLU 함수 등이 사용됩니다.

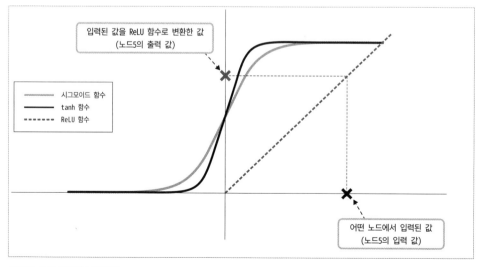

그림 3-4 활성화 함수의 형태

입력 레이어에서 시작해서 출력 레이어에 도착할 때까지 모든 노드에 이러한 계산을 반복합니다. 마지막의 출력 레이어도 중간 레이어와 마찬가지로 계산 결과를 활성화 함수로 변환해서 출력합니다. 학습 타입이 **분류**(예를 들어 이미지 분류 또는 문자 분류)라면 활성화 함수로 **소프트맥스 함수**[1]를 사용합니다. 학습 타입이 **회귀**(예를 들어 수요 예측)라면 **항등 함수**[2]를 사용합니다. 예를 들어 입력 이미지가 개인지 고양이인지 분류하고 싶다면 출력 레이어에서 소프트맥스 함수를 사용해서 개일 확률과 고양이일 확률을 계산해 출력합니다.

> 이 책에서는 이후에도 "○○ 함수"라는 낯선 수학 용어들이 계속 나옵니다. 딥러닝을 완벽하게 이해하려면 어떤 수식인지 알아야 하지만, 이 책은 딥러닝을 구현(사용)하는 것에 초점을 맞추므로 딥러닝 네트워크의 구조를 그림으로 설명하고, 언제 어떤 경우에 쓰는지에 초점을 맞춰 설명합니다. 따라서 자세한 수식 관련 설명은 생략하겠습니다.

3.1.2 역전파의 구조

순전파 계산이 완료되면 이어서 역전파 계산을 시작합니다. 역전파는 출력 레이어에서 구한 결과를 정답 데이터와 비교해서 **오차 함수**를 사용해 오차를 구합니다. 오차는 실제 값(정답 데이터)과 예측 값(출력 레이어에서 얻은 결과)의 차이를 의미합니다. 오차 함수는 학습 타입이 분류라면 **교차 엔트로피**를 사용하고, 회귀라면 **제곱 오차**를 사용합니다. 그리고 이러한 오차가 적어지도록(출력 결과가 정답 데이터와 비슷해지게) 엣지의 가중치를 조금씩 조정합니다.

---

1 (옮긴이) 소프트맥스 함수(softmax function)는 결과를 0과 1 사이의 값으로 나타내는 함수입니다. 이때 값이 1에 가까우면 True, 0에 가까우면 False로 나타내므로 분류에 사용되는 것입니다.

2 (옮긴이) 항등 함수(identity function)는 y = x 형태의 함수를 의미합니다. 회귀(예측)란 참과 거짓으로 구분되는 것이 아니라, 어떤 값이 나와야 하는 것입니다. 따라서 소프트맥스 함수처럼 0과 1로 구분하는 것이 아니라 값을 그대로 출력합니다.

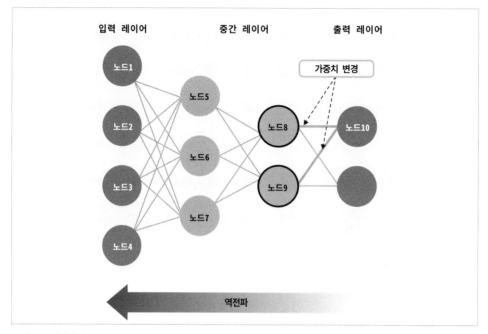

그림 3-5 역전파의 구조

"오차가 최소가 될 수 있게 가중치 값을 변경"하려면 어떻게 해야 할까요? 오차와 가중치의 관계, 가중치가 어떻게 변경되는지를 설명할 때는 일반적으로 비탈길을 굴러 내려가는 공에 비유합니다. 공에는 "낮은 위치로 굴러간다"라는 힘이 항상 작용합니다. 굴러가는 공의 속도가 느리다면 조금씩 이동하다가 가장 낮은 위치에 도착할 것입니다. 반대로 공의 속도가 너무 빠르면 공이 가장 낮은 위치를 넘었다가 다시 돌아오고를 반복하면서 조금씩 속도가 느려지며 가장 낮은 위치에 도착할 것입니다.

이때 낮은 부분은 오차의 최솟값(최적의 가중치 값), 공의 위치(높이)는 가중치와 오차의 값, 공의 속도는 **학습 계수**를 의미합니다. 오차를 최소로 만들려면 오차가 적어지는 방향으로 가중치를 조정해야 합니다. 이러한 방법을 **"경사 하강법"**이라고 부릅니다. 학습 계수 값이 너무 작거나 크면 학습에 오랜 시간이 걸리므로 학습 계수도 적당하게 선택해야 합니다. 일반적으로 학습 계수는 0.001~0.1 사이의 값으로 설정합니다.

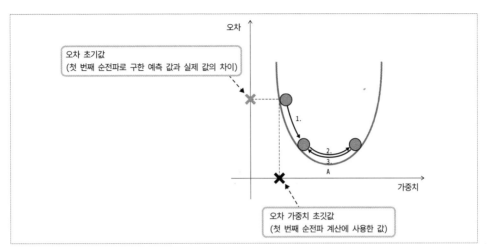

그림 3-6 가중치 변경하기

오차를 최소로 만들기 위해 가중치를 조정하면서 데이터를 출력 레이어에서 입력 레이어 방향으로 전파하는 것을 **"오차 역전파법"**이라고 부릅니다.

그림 3-6의 오차 곡선(**손실 함수**)의 형태는 오차의 최솟값(최적의 가중치 값)을 찾기 쉽습니다. 하지만 실제 신경망을 만들다 보면 오차 곡선의 형태가 굉장히 복잡해집니다. 오차의 최솟값(그림 3-7의 A 지점)이 존재해도, 다른 위치(그림 3-7의 B 지점)를 최솟값으로 잡아버리는 경우도 존재합니다. 이때 최솟값처럼 보이는 최솟값이 아닌 위치를 **국소 최적점**이라고 부릅니다.

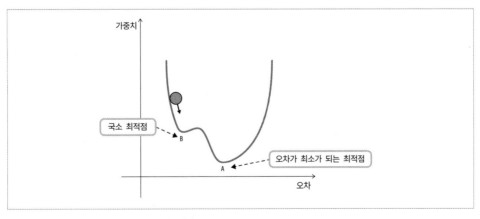

그림 3-7 국소 최적점에 빠질 가능성도 있습니다.

입력 데이터를 모두 사용해서 학습하는 **배치 학습**[3]을 해버리면 이러한 국소 최적점에 빠질 우려가 있습니다. 이를 피하려면 입력 데이터를 분할해서 학습하는 **미니 배치 학습**을 해야 합니다. 미니 배치로 분할해서 학습하면 국소 최적점에 빠질 확률이 크게 줄어듭니다. 미니 배치를 사용해서 경사 하강법을 하는 것을 "**확률적 경사 하강법**"이라고 부릅니다. 참고로 미니 배치의 크기는 일반적으로 10~100개 정도로 설정합니다.

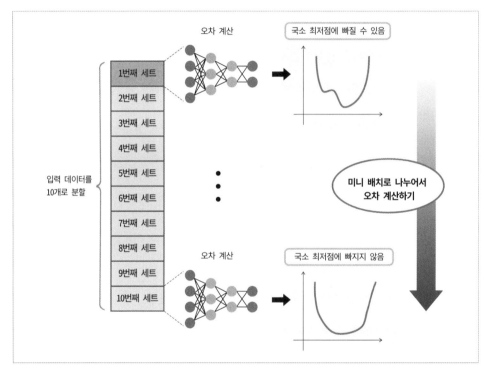

그림 3-8 미니 배치 학습의 장점

지금까지 역전파 계산에 대해 살펴봤습니다. 순전파와 역전파를 반복해서 학습하면 모델의 정밀도를 높일 수 있습니다.

---

3 (옮긴이) Batch Learning이란 배치 학습입니다. 배치는 "일괄"이라고 생각하면 되므로 일괄 학습이라고 이해해주세요.

3.2
딥러닝의 구조

딥러닝은 지금까지의 신경망과 비교해서 더 많은 중간 레이어를 가질 수 있으며, 더욱 복잡한 문제를 해결할 수 있습니다. 따라서 **심층 신경망**(Deep Neural Network : DNN)이라고도 부릅니다. 딥러닝은 이미지, 음성, 텍스트 데이터 등 차원 수가 높은 비구조화 데이터를 다루는 데 특화돼 있습니다.

중간 레이어를 늘리고, 레이어를 깊게 만들면 더 좋은 학습을 시킬 수 있을 것 같지만 실제로는 학습이 제대로 되지 않습니다(**Failure of Gradient**[1]). 하지만 **사전 학습**을 하면 레이어를 깊게 만들더라도 학습을 제대로 할 수 있습니다. 이러한 사전 학습이 신경망을 딥러닝으로 진화하게 만든 계기라고 할 수 있습니다.

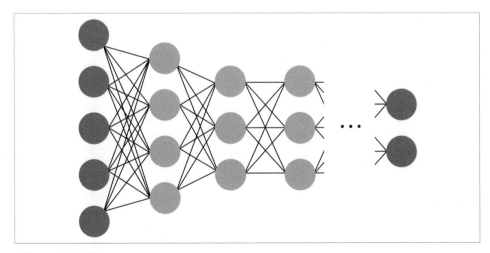

그림 3-9 딥러닝 개요

---

1 (옮긴이) Failure of Gradient는 수학적인 용어로 "구배 실패"라고 부릅니다. 이때 "구배, Gradient"는 "경사 또는 기울기"를 나타냅니다. 그림 3-6에서 "비탈길을 내려가는 공"이 비탈길을 제대로 내려가지 못해서 실패하는 현상을 "구배 실패"라고 부른다고 이해하면 좋을 것 같습니다.

3.2.1 오토 인코더의 구조

사전 학습을 하는 방법으로 **오토 인코더(Auto Encoder : 자기부호화기)**[2]와 **제한된 볼츠만 머신(Restricted Boltzmann Machine : RBM)**이 있습니다. 이 중에서 비교적 이해하기 쉬운 오토 인코더로 사전 학습을 살펴보겠습니다.

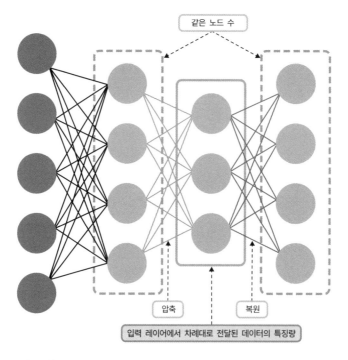

그림 3-10 오토 인코더를 사용한 전처리

오토 인코더는 출력 데이터를 입력 데이터와 비슷하게 만들어(자기 자신을 재현할 수 있게) 학습하는 방법입니다. 결국 자기 자신이 정답 데이터가 되기 때문에 정답 데이터를 따로 준비할 필요가 없습니다. 따라서 비지도 학습으로 분류됩니다.

---

2 (옮긴이) 한국에서 사용되는 대부분의 수학, 의학 용어가 한자어라서 이해하기 힘들 수 있는데, 자기부호화기란 "자기 / 부호화 / 기"로 나눠서 읽습니다. "자동(스스로)으로 어떤 데이터를 부호로 변환하는 장치"라는 의미입니다.

복잡한 문제를 풀 수 있게 중간 레이어 수를 늘릴 때, 학습이 적절하게 이루어지도록 사전 학습을 합니다. 이때 입력 레이어 쪽의 엣지 가중치는 입력 레이어로부터 전해진 데이터를 압축해서 특징량을 잘 추출할 수 있게 조정됩니다. 출력 레이어 쪽의 가중치는 전달된 특징량을 다시 원래의 데이터로 복원할 수 있는 형태로 조정됩니다. 이러한 형태로 중간 레이어를 계속 추가하면서 네트워크를 더 깊게(deep) 구축합니다. 사전 학습으로 네트워크를 구축한다면 정답 데이터를 사용해서 지도 학습을 할 수 있으므로 학습 모델의 정밀도를 우리가 원하는 형태로 더 변경할 수 있습니다.

2012년에 구글이 발표해서 화제가 됐던 고양이를 인식하는 AI는 오토 인코더가 활용된 대표적인 예입니다. 인간이 기계에 "이것이 고양이다"와 같은 답을 가르치지 않고도 기계가 스스로 학습 대상이 고양이라는 것을 이해했다는 것입니다. 사실 엄밀하게 말하면 "고양이 인식"이 아니고, "고양이를 나타내는 특징량을 얻을 수 있는 것"이라고 하는 것이 올바른 표현이기는 합니다[3].

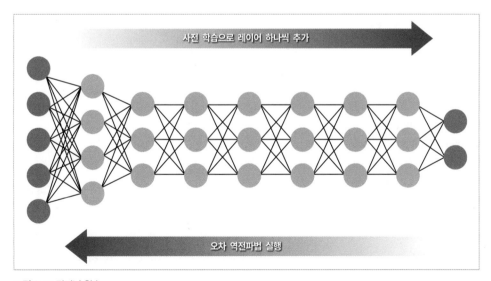

그림 3-11 딥러닝 학습

---

3 https://googleblog.blogspot.kr/2012/06/using-large-scale-brain-simulations-for.html

3.2.2 학습 테크닉

딥러닝은 레이어를 많이 만들수록 구조가 복잡해집니다. 구조가 복잡해지면 복잡한 문제를 푸는데 효율적이지만, **과학습(과적합)**에 빠지게 된다는 문제점이 있습니다. 과학습은 학습 데이터를 사용해서 만든 모델이 해당 학습 데이터에는 굉장히 좋지만, 다른 데이터로 테스트를 했을 때 나쁘게 나오는 것을 의미합니다. 이와 같은 모델은 일반적인 데이터에 사용할 수 없으므로 실질적으로 활용할 수 없는 모델입니다. 이러한 모델은 **범화 능력**이 없다고 표현하기도 합니다.

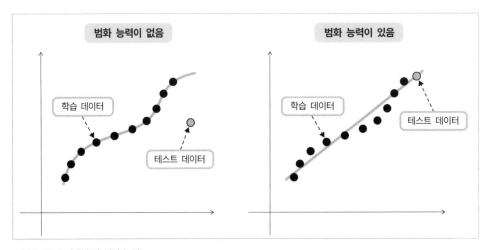

그림 3-12 초과 학습과 범화 능력

과학습을 줄이고, 네트워크의 범화 능력을 높이려면 **정규화**라는 작업을 거쳐야 합니다. 정규화에는 L1 정규화, L2 정규화(가중치 감소), 드롭아웃 등의 방법이 있습니다. L1 정규화는 특징이 없는 변수의 가중치를 0에 가깝게 만들어서 특징이 있는 변수만 추출하는 정규화 방법입니다. L2 정규화는 변수의 가중치가 클수록 0에 가깝게 만들어서 가중치의 과도한 증가를 제어하는 방법입니다. 드롭아웃(탈락)은 특정 레이어의 노드를 몇 개 무시해버리고 학습시키는 방법입니다.

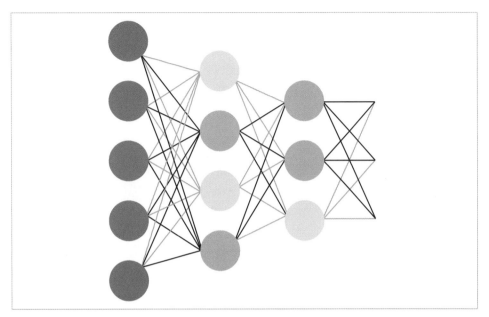

그림 3-13 드롭아웃

지금까지 모든 노드가 결합된 전결합 형태의 신경망을 사용해 딥러닝의 구조와 학습 방법을 살펴봤습니다. 이외에도 합성곱 신경망(Convolutional Neural Network : CNN)과 재귀적 신경망(Recurrent Neural Network : RNN) 등이 있는데, 이와 관련된 내용은 이번 장의 후반부에서 살펴보겠습니다. 일반적으로 CNN은 이미지 분류에 사용되며, RNN은 텍스트와 음성 분류에 사용됩니다. 이러한 네트워크는 구조가 다르지만, **학습 자체는 지금까지 설명한 방법이 기본**이라고 할 수 있습니다.

이번 장에서는 TFLearn의 사용 방법에 조금 익숙해질 수 있게 기본적인 전결합 형태의 신경망을 만들어보겠습니다.

3.3
딥러닝 구현 과정

이 책에서는 기본적으로 다음과 같은 방법으로 딥러닝을 구현합니다.

일단 (1)에서는 구현에 필요한 라이브러리를 읽어 들입니다. (2)에서는 학습 데이터와 테스트 데이터를 읽어 들이고 딥러닝에 활용할 수 있는 형태로 변환합니다. 학습 데이터는 모델을 만들 때 사용하며, 테스트 데이터는 만든 모델의 정밀도를 검사할 때 사용합니다. (3)에서는 신경망을 만듭니다. 구체적으로는 각 계층의 노드의 수, 중간 레이어의 형태와 레이어 수, 사용할 활성화 함수 등을 정의합니다. (4)에서는 앞서 만든 신경망에 학습 데이터를 넣어 학습시킨 다음 모델을 만듭니다. 이때 테스트 데이터를 사용해 모델의 정밀도를 계산해봅시다. 마지막으로 정답이 없는 불특정한 미지의 데이터에 모델을 적용해 결과를 얻습니다.

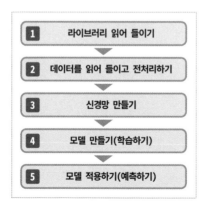

그림 3-14 딥러닝 구현 과정

구현 흐름을 어느 정도 알았다면 다음 절에서는 손글씨 글자 이미지인 MNIST 데이터 세트를 사용해 실제로 딥러닝을 구현해봅시다.

3.4
손글씨 글자 이미지 MNIST 분류하기

손글씨 글자 이미지 MNIST 데이터 세트를 사용해서 3.1절에서 설명한 전결합 형태의 신경망을 구현하고, 이미지를 분류해봅시다.

3.4.1 MNIST 데이터 세트

MNIST(Mixed National Institute of Standards and Technology database)는 손글씨 숫자 0~9가 적혀 있는 흑백 이미지 데이터 세트입니다[1]. 일반적으로 이미지 분류와 관련된 내용을 공부할 때 널리 사용됩니다. 각 이미지의 크기는 28×28픽셀입니다.

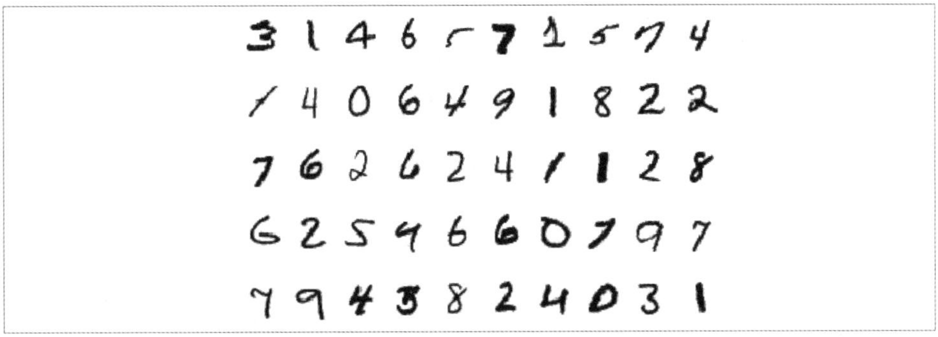

그림 3-15 MNIST 데이터 세트의 내용

---

1 http://yann.lecun.com/exdb/mnist/

제공되는 이미지는 JPEG 등의 일반적인 이미지 형식이 아니라, 픽셀값을 행렬로 표현한 형식으로 제공됩니다. 데이터에는 "28×28=784개의 픽셀값"과 함께 "0~9중에 어떤 숫자의 이미지인지 정답 데이터"가 포함돼 있습니다.

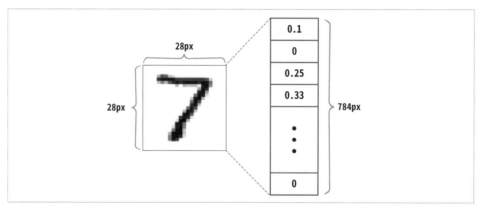

그림 3-16 이미지 표현하기

MNIST 데이터 세트는 TFLearn의 함수를 사용해 내려받을 수 있으므로 별도로 내려받지 않아도 됩니다.

3.4.2 주피터 노트북 실행하기

TFLearn을 사용해서 MNIST 분류를 해봅시다. 일단 2장에서 만든 파이썬 환경으로 이동하고, 환경을 활성화한 다음 주피터 노트북을 실행합니다.

코드 3-1

```
$ cd anaconda3/envs/tfbook [Enter]
$ source activate tfbook [Enter]
$ jupyter notebook [Enter]
```

그림 3-17 주피터 노트북 실행하기

주피터 노트북을 실행했다면 새로운 노트를 만들어주세요. 그리고 첫 번째 셀부터 순서대로 코드를 작성합니다. 구현은 3.3절에서 설명했던 순서로 진행하겠습니다.

3.4.3 라이브러리 읽어 들이기

텐서플로, TFLearn, Matplotlib, Numpy 라이브러리를 읽어 들이겠습니다. Matplotlib은 그래프를 그릴 때에 사용하는 라이브러리입니다. 다음 코드를 노트의 앞부분에 입력해주세요.

코드 3-2

```
1.  ## 1. 라이브러리 읽어 들이기 ##
2.  # 텐서플로 라이브러리
3.  import tensorflow as tf
4.  # tflearn 라이브러리
5.  import tflearn
6.
7.  # MNIST 데이터 세트를 다루기 위한 라이브러리
8.  import tflearn.datasets.mnist as mnist
9.
10. # MNIST 이미지를 출력하기 위한 라이브러리
11. from matplotlib import pyplot as plt
12. from matplotlib import cm
13. import numpy as np
```

코드 3-2의 코드를 셀에 입력하면 그림 3-18처럼 됩니다.

```
In [3]:  ## 1. 라이브러리 읽어 들이기 ##

         # TensorFlow 라이브러리
         import tensorflow as tf
         # tflearn 라이브러리
         import tflearn

         # MNIST 데이터 세트를 다루기 위한 라이브러리
         import tflearn.datasets.mnist as mnist

         # MNIST 이미지를 출력하기 위한 라이브러리
         from matplotlib import pyplot as plt
         from matplotlib import cm
         import numpy as np
```

그림 3-18 라이브러리 읽어 들이기

실행해서 오류 메시지가 출력되지 않는다면 라이브러리를 정상적으로 읽어 들인 것입니다.

지금까지는 소스 코드와 소스 코드를 셀에 입력했을 때의 화면을 모두 보여드렸는데,
지금부터는 필요한 경우를 제외하면 소스 코드만 보여드리겠습니다.

3.4.4 데이터 읽어 들이고 전처리하기

주피터 노트북의 Home 화면에서 터미널을 실행하고, MNIST 데이터를 내려받기 위한 디렉터리를 생성하겠습니다.

코드 3-3

```
$ mkdir data [Enter]
$ cd data [Enter]
$ mkdir mnist [Enter]
```

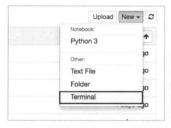

그림 3-19 터미널 실행과 디렉터리 만들기

노트의 셀에 MNIST 데이터 세트를 내려받고, 리스트에 저장하는 코드를 입력한 뒤 실행해봅시다.

코드 3-4

```
1.  ## 2. 데이터 읽어 들이고 전처리하기 ##
2.  # MNIST 데이터를 ./data/mnist에 내려받고, 압축을 해제한 다음 각 변수에 할당하기
3.  trainX, trainY, testX, testY = mnist.load_data('./data/mnist/', one_hot=True)
```

▶▶▶ 3번째 줄: load_data 함수를 사용해서 MNIST 데이터를 읽어 들입니다.

- 첫 번째 매개 변수: 데이터를 읽어 들일 경로를 지정합니다. 예제에서는 data 디렉터리 아래에 있는 mnist 디렉터리를 지정했습니다. 데이터가 없으면 자동으로 내려받습니다.

- 두 번째 매개 변수: 정답 데이터를 One-hot 형식으로 변환할지 지정합니다. 예제에서는 True(변환하기)로 지정했습니다. One-hot 형식이란 "정답의 종류"를 크기로 하는 배열에서 정답을 1로 지정하고, 나머지 값을 0으로 지정하는 형식입니다. 예제에서는 손글씨 숫자가 0~9를 가지므로 "정답의 종류"가 10개가 됩니다.

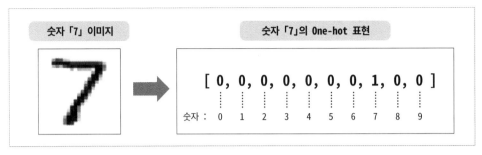

그림 3-20 정답 데이터의 One-hot 표현 방식

셀의 실행 결과를 보면 데이터를 내려받고 압축을 해제하는 것을 알 수 있습니다. 참고로 데이터를 내려받는 일은 load_data 함수를 처음 실행할 때만 이뤄집니다.

```
Downloading MNIST...
Succesfully downloaded train-images-idx3-ubyte.gz 9912422 bytes.
Extracting ./data/mnist/train-images-idx3-ubyte.gz
Downloading MNIST...
Succesfully downloaded train-labels-idx1-ubyte.gz 28881 bytes.
Extracting ./data/mnist/train-labels-idx1-ubyte.gz
Downloading MNIST...
Succesfully downloaded t10k-images-idx3-ubyte.gz 1648877 bytes.
Extracting ./data/mnist/t10k-images-idx3-ubyte.gz
Downloading MNIST...
Succesfully downloaded t10k-labels-idx1-ubyte.gz 4542 bytes.
Extracting ./data/mnist/t10k-labels-idx1-ubyte.gz
```

그림 3-21 MNIST 데이터 읽어 들이기

학습 전용 이미지 픽셀 데이터를 배열 trainX, 학습 전용 이미지 정답 데이터를 배열 trainY, 테스트 전용 이미지 픽셀 데이터를 배열 testX, 테스트 전용 이미지 정답 데이터를 배열 testY에 저장합니다. 학습 전용 데이터 세트는 모델 생성에 사용하며, 테스트 전용 데이터 세트는 모델을 테스트할 때 사용합니다. 테스트 전용 데이터 세트도 정답 데이터를 가지고 있다는 것을 주의해주세요.

3.4.5 데이터 확인하기

배열에 저장한 학습 전용 데이터와 테스트 전용 데이터의 크기와 픽셀값을 확인해봅시다.

코드 3-5

```
1.  ## 데이터 확인하기
2.  # 학습 전용 이미지 픽셀 데이터와 정답 데이터의 크기 확인하기
3.  print(len(trainX),len(trainY))
4.
5.  # 테스트 전용 이미지 픽셀 데이터와 정답 데이터의 크기 확인하기
6.  print(len(testX),len(testY))
7.
8.  # 학습 전용 이미지 픽셀 데이터 확인하기
9.  print(trainX)
10.
11. # 학습 전용 정답 데이터 확인하기
12. print(trainY)
```

▶▶▶ 3번째 줄: 배열 trainX와 배열 trainY의 크기를 화면에 출력합니다.

▶▶▶ 6번째 줄: 배열 testX와 배열 testY의 크기를 화면에 출력합니다.

▶▶▶ 9번째 줄: 배열 trainX의 요소를 화면에 출력합니다.

▶▶▶ 12번째 줄: 배열 trainY의 요소를 화면에 출력합니다.

```
(55000, 55000)
(10000, 10000)
[[0. 0. 0. ... 0. 0. 0.]
 [0. 0. 0. ... 0. 0. 0.]
 [0. 0. 0. ... 0. 0. 0.]
 ...
 [0. 0. 0. ... 0. 0. 0.]
 [0. 0. 0. ... 0. 0. 0.]
 [0. 0. 0. ... 0. 0. 0.]]
[[0. 0. 0. ... 1. 0. 0.]
 [0. 0. 0. ... 0. 0. 0.]
 [0. 0. 0. ... 0. 0. 0.]
 ...
 [0. 0. 0. ... 0. 0. 0.]
 [0. 0. 0. ... 0. 0. 0.]
 [0. 0. 0. ... 0. 1. 0.]]
```

그림 3-22 데이터 확인하기 (1)

학습 전용 이미지 데이터 세트가 55,000개, 테스트 전용 이미지 데이터 세트가 10,000개 있는 것을 확인할 수 있습니다. 데이터가 생략돼서 출력되므로 무엇을 의미하는지 알기 어렵습니다.

따라서 학습 전용 데이터를 하나만 출력해보겠습니다. 픽셀 데이터 trainX[0]와 정답 데이터 trainY[0]을 출력해봅시다.

일단 배열 trainX[0]의 요소를 확인해봅시다.

코드 3-6

```
1.  # 학습 전용 이미지 픽셀 데이터 확인하기
2.  trainX[0]
```

```
0.        , 0.        , 0.        , 0.        , 0.        ,
0.        , 0.        , 0.        , 0.        , 0.        ,
0.        , 0.        , 0.        , 0.        , 0.        ,
0.        , 0.        , 0.3803922 , 0.37647063, 0.3019608 ,
0.46274513, 0.2392157 , 0.        , 0.        , 0.        ,
0.        , 0.        , 0.        , 0.        , 0.        ,
0.        , 0.        , 0.3529412 , 0.5411765 , 0.9215687 ,
0.9215687 , 0.9215687 , 0.9215687 , 0.9215687 , 0.9215687 ,
0.9843138 , 0.9843138 , 0.9725491 , 0.9960785 , 0.9607844 ,
0.9215687 , 0.74509805, 0.08235294, 0.        , 0.        ,
0.        , 0.        , 0.        , 0.        , 0.        ,
0.        , 0.        , 0.        , 0.        , 0.54901963,
0.9843138 , 0.9960785 , 0.9960785 , 0.9960785 , 0.9960785 ,
0.9960785 , 0.9960785 , 0.9960785 , 0.9960785 , 0.9960785 ,
0.9960785 , 0.9960785 , 0.9960785 , 0.9960785 , 0.9960785 ,
0.7411765 , 0.09019608, 0.        , 0.        , 0.        ,
0.        , 0.        , 0.        , 0.        , 0.        ,
0.        , 0.        , 0.8862746 , 0.9960785 , 0.81568635,
```

그림 3-23 데이터 확인하기 (2)

실행 결과를 스크롤 하면 픽셀을 모두 확인할 수 있습니다. 그럼 이러한 픽셀값을 이미지로 출력해봅시다.

코드 3-7

```
1.  # 학습 전용 이미지 데이터 확인하기
2.  plt.imshow(trainX[0].reshape(28, 28), cmap=cm.gray_r, interpolation='nearest')
3.  plt.show()
```

▶▶▶ 2번째 줄: 배열 trainX[0]의 요소 784를 28×28 크기로 변환하고, 그레이스케일 이미지로 출력할 수 있게 설정합니다.

▶▶▶ 3번째 줄: 설정한 이미지를 출력합니다.

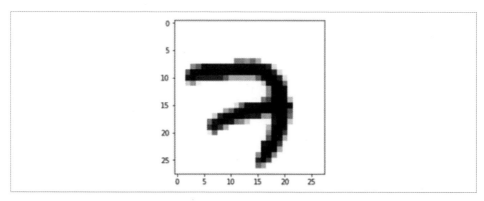

그림 3-24 데이터 확인하기 (3)

이어서 정답 데이터 배열인 tarinY[0]의 요소를 확인해봅시다.

코드 3-8

```
1.  # 학습 전용 정답 데이터 확인하기
2.  trainY[0]
```

```
array([0., 0., 0., 0., 0., 0., 0., 1., 0., 0.])
```

그림 3-25 데이터 확인하기 (4)

그림 3-25를 보면 숫자 "7"을 나타내고 있다는 걸 알 수 있습니다. 지금까지 학습 전용 데이터 세트를 확인하는 방법을 설명했습니다. 테스트 전용 데이터 세트도 같은 방법으로 확인할 수 있습니다.

3.4.6 신경망 만들기

그림 입력 레이어가 784노드(이미지 한 장의 픽셀 수), 중간 레이어가 127노드, 출력 레이어가 10노드(숫자 0~9)인 전결합 형태의 신경망을 구축하고, 모델 분류 정밀도를 확인해봅시다.

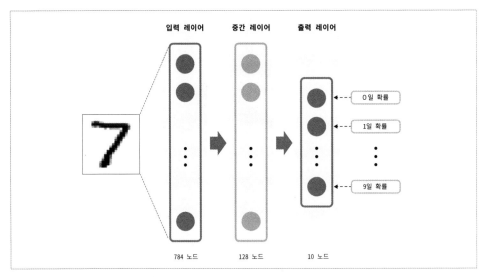

그림 3–26 전결합 형태의 신경망 구성

이 책의 3.1절과 3.2절에서는 네트워크의 구조를 자세하게 표현했지만,
지금부터는 그림 3–26처럼 간단한 형태로 표현하겠습니다.

코드 3–9

```
1.  ## 3. 신경망 만들기
2.
3.  ## 초기화하기
4.  tf.reset_default_graph()
5.
6.  ## 입력 레이어 만들기
7.  net = tflearn.input_data(shape=[None, 784])
8.
9.  ## 중간 레이어 만들기
10. net = tflearn.fully_connected(net, 128, activation='relu')
11. net = tflearn.dropout(net, 0.5)
12.
13. ## 출력 레이어 만들기
14. net = tflearn.fully_connected(net, 10, activation='softmax')
15. net = tflearn.regression(net, optimizer='sgd', learning_rate=0.5, loss='categorical_cro
    ssentropy')
```

▶▶▶ **4번째 줄: 네트워크를 초기화합니다.**

▶▶▶ **7번째 줄: input_data 함수를 사용해 입력 레이어를 생성합니다.**

- **첫 번째 매개 변수:** shape에는 입력할 학습 데이터의 형태로 배치 크기와 노드 수를 설정합니다. 예제에서는 None(지정하지 않음)과 784(이미지 하나에 해당하는 픽셀 데이터 수)를 지정했습니다.

▶▶▶ **10번째 줄: fully_connected 함수를 사용해서 전결합 신경망의 중간 레이어를 생성합니다.**

- **첫 번째 매개 변수:** 생성할 레이어의 바로 앞의 레이어(결합 대상 레이어)를 설정합니다. 예제에서는 net을 지정했습니다.

- **두 번째 매개 변수:** 생성할 레이어의 노드 수를 설정합니다. 예제에서는 128로 지정했습니다.

- **세 번째 매개 변수:** 사용할 활성화 함수를 설정합니다. 예제에서는 relu(ReLU 함수)로 지정했습니다.

▶▶▶ **11번째 줄: 생성한 레이어에 dropout 함수를 사용해서 드롭아웃을 적용합니다.**

- **첫 번째 매개 변수:** 드롭아웃 대상 레이어를 설정합니다. 예제에서는 net을 설정했습니다.

- **두 번째 매개 변수:** 노드의 값을 어느 비율로 줄일지 설정합니다. 예제에서는 0.5로 설정했습니다.

▶▶▶ **14번째 줄: fully_connected 함수를 사용해서 전결합 레이어를 생성합니다.**

- **첫 번째 매개 변수:** 생성한 레이어 바로 앞의 레이어(결합 대상 레이어)를 설정합니다. 예제에서는 net을 설정했습니다.

- **두 번째 매개 변수:** 생성한 레이어의 노드 수를 설정합니다. 예제에서는 (정답 숫자가 0~9로 10가지 종류이므로) 10으로 설정했습니다.

- **세 번째 매개 변수:** 생성한 레이어에서 사용할 활성화 함수를 설정합니다. 예제에서는 softmax(소프트맥스 함수)를 사용했습니다.

▶▶▶ **15번째 줄: regression 함수를 사용해서, 학습 조건을 설정합니다.**

- **첫 번째 매개 변수:** 학습 대상 레이어를 설정합니다. 예제에서는 지금까지 생성한 레이어인 net을 그대로 지정했습니다.

- **두 번째 매개 변수:** 최적화 방법을 설정합니다. 예제에서는 sdg(확률적 경사 하강법)를 사용했습니다.

- **세 번째 매개 변수:** 학습 계수를 설정합니다. 예제에서는 0.5로 지정했습니다.

- **네 번째 매개 변수:** 오차 함수를 설정합니다. 예제에서는 categorical_crossentropy(교차 엔트로피)를 지정했습니다.

이 책에서는 일반적인 성능의 PC에서 실행할 수 있게 중간 레이어의 레이어 수와 노드 수가 아주 적은 신경망을 만들었습니다. 고성능의 PC를 가지고 있다면 중간 레이어의 구조를 더 깊게 만들고, 노드의 수를 더 만들어 보기 바랍니다. 참고로 2장에서 구축한 가상 환경 위에 실행하고 있다면 가상 머신의 CPU 수와 메모리를 미리 늘리기 바랍니다.

3.4.7 모델 만들기(학습하기)

학습 데이터 세트를 사용해서 생성한 신경망을 학습시켜봅시다.

코드 3-10

```
1.  ## 4. 모델 만들기(학습) ##
2.  # 학습하기
3.  model = tflearn.DNN(net)
4.  model.fit(trainX, trainY, n_epoch=20, batch_size=100, validation_set=0.1,
show_metric=True)
```

▶▶▶ **3번째 줄:** DNN 함수를 사용해서 생성한 신경망과 학습 조건을 설정합니다.

- **첫 번째 매개 변수:** 대상 신경망을 설정합니다. 예제에서는 net을 지정했습니다.

▶▶▶ **4번째 줄:** fit 함수를 사용해서 학습을 실행하고, 모델을 생성합니다.

- **첫 번째 매개 변수:** 학습 데이터를 설정합니다. 예제에서는 학습 전용 이미지 픽셀 데이터를 저장하고 있는 배열 trainX를 설정했습니다.

- **두 번째 매개 변수:** 정답 데이터를 설정합니다. 예제에서는 학습 전용 이미지 정답 데이터를 저장하고 있는 배열 trainY를 설정했습니다.

- **세 번째 매개 변수:** 에포크 수(= 학습 횟수)를 설정합니다. 예제에서는 20으로 설정했습니다.

- **네 번째 매개 변수:** 배치 크기를 설정합니다. 예제에서는 100으로 설정했습니다.

- **다섯 번째 매개 변수:** 모델의 정밀도를 검증하기 위한 테스트 세트를 설정합니다. 예제에서는 학습 전용 데이터 세트의 10%(0.1)를 사용하게 했습니다.

- **여섯 번째 매개 변수:** 학습 단계별로 정밀도를 출력할지 설정합니다. 예제에서는 True(출력하기)로 설정했습니다.

주피터 노트북의 실행 버튼을 클릭해서 실행하면 학습 상태가 화면에 출력됩니다. 학습 전용 데이터 세트를 사용해서 모델을 생성하고 검증한 결과, 필자의 환경에서는 약 97%의 정밀도가 나왔습니다. 모델의 정밀도는 실행 환경에 따라 다를 수 있으므로 이 책과 완전히 똑같이 나오지는 않을 것입니다.

```
Training Step: 9899 ¦ total loss: 0.60444 ¦ time: 2.107s
¦ SGD ¦ epoch: 020 ¦ loss: 0.60444 - acc: 0.9290 -- iter: 49400/49500
Training Step: 9900 ¦ total loss: 0.56506 ¦ time: 3.122s
¦ SGD ¦ epoch: 020 ¦ loss: 0.56506 - acc: 0.9281 ¦ val_loss: 0.10392 - val_acc: 0.9709 -- iter: 49500/49500
--
```

그림 3-27 학습 상태 출력하기

3.4.8 모델 적용하기(예측하기)

생성한 모델을 미지의 데이터(일단은 테스트 데이터)에 적용해서 예측 정밀도를 확인해봅시다.

코드 3-11

```
1.  ## 5. 모델 적용(예측) ##
2.  pred = np.array(model.predict(testX)).argmax(axis=1)
3.  print(pred)
4.
5.  label = testY.argmax(axis=1)
6.  print(label)
7.
8.  accuracy = np.mean(pred == label, axis=0)
9.  print(accuracy)
```

▶▶▶ 2~3번째 줄: 모델을 테스트 전용 데이터 testX에 적용합니다. 그리고 출력 결과를 변수 pred에 저장하고, 화면에 출력합니다.

▶▶▶ 5~6번째 줄: 테스트 전용 데이터의 정답(숫자 0~9중에 어떤 값을 나타내는지) 값을 저장하고 있는 배열 testY를 변수 label에 저장하고, 화면에 출력합니다.

▶▶▶ 8~9번째 줄: 출력 결과를 저장하고 있는 변수 pred와 정답 값을 저장하고 있는 숫자 label이 어느 정도 일치하는지 평균을 구해 정밀도를 출력합니다.

```
[7 2 1 ... 4 5 6]
[7 2 1 ... 4 5 6]
0.9714
```

그림 3-28 예측 정밀도 확인하기

미지의 데이터를 예측한 정밀도가 97.58%로 나왔습니다. 정밀도는 실행 환경에 따라 다를 수 있으므로 이 책과 완전히 똑같이 나오지는 않을 것입니다.

 3장 정리

이번 장의 전반부에서는 신경망의 구조와 그 진화 형태인 딥러닝(딥러닝 신경망)의 구조, 학습 방법을 살펴봤습니다.

네트워크는 크게 구분해서 입력 레이어, 중간 레이어, 출력 레이어로 구성됩니다. 각 레이어에는 숫자를 저장하는 노드가 여러 개 있으며, 서로 다른 레이어의 노드들은 엣지로 결합돼 있습니다. 그리고 학습은 입력 레이어에서 출력 레이어를 향해 계산이 이루어지는 순전파, 출력 레이어에서 입력 레이어를 향해 계산이 이루어지는 역전파가 있고, 이를 반복하면서 엣지의 가중치를 변경합니다. 이때 가중치는 출력 레이어의 계산 값과 정답 값의 차이(오차)가 적어지는 형태로 만들어서 모델의 정밀도를 높입니다. 추가로 학습을 효율적으로 진행하기 위한 테크닉도 몇 가지 소개했습니다.

이번 장의 후반부에서는 TFLearn 라이브러리를 사용해서 전결합 신경망을 생성하고, 손글씨 숫자 이미지인 MNIST 데이터 세트를 분류해봤습니다. 데이터 확인, 네트워크 생성, 학습 등을 통해 전반부에서 배웠던 내용을 구현하는 방법을 이해했을 것입니다.

어쨌거나 이번 장에서는 전결합 신경망을 사용해서 이미지를 분류했습니다. 하지만 일반적으로 이미지를 분류할 때는 합성곱 신경망이라는 방법을 사용합니다. 합성곱 신경망을 사용하면 보다 높은 정밀도로 분류할 수 있다고 알려져 있습니다. 그럼 이와 관련된 내용을 다음 장에서 살펴봅시다.

04장

합성곱 신경망
체험하기

3장에서는 전결합 신경망과 심층 신경망의 구조를 살펴
보고, 손글씨 문자 이미지인 MNIST를 분류해봤습니다.
이번 장에서는 중간 레이어로 합성곱 레이어와 풀링 레
이어를 추가한 합성곱 신경망을 살펴보겠습니다. 이전과
마찬가지로 합성곱 신경망의 구조를 이해해보고, 다시
MNIST 데이터 분류를 해봅시다. 추가로 보다 일반적인
JPEG 형식과 PNG 형식의 이미지를 다루는 방법도 알아
보겠습니다.

4.1
합성곱 신경망의 구조

합성곱 신경망(Convolutional Neural Network: CNN)은 최근 몇 년 동안 이미지 인식에서 굉장히 많이 사용되고 있습니다. 대표적으로 1장 딥러닝의 활용 예에서 설명했던 피사체 인식, 이상 감지 등에 채용되고 있습니다. 그럼 곧바로 CNN의 구조를 살펴봅시다.

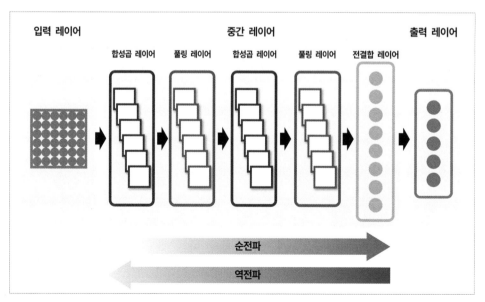

그림 4-1 CNN의 구조

CNN의 입력 레이어는 학습 데이터로 2차원 입력 데이터를 받습니다. 그리고 출력 레이어는 학습 결과를 출력합니다. 중간 레이어는 **합성곱 레이어, 풀링 레이어**, 전결합 레이어로 구성됩니다. 일반적으로는 합성곱 레이어와 풀링 레이어를 두 번씩 번갈아 가며 배치합니다.

CNN도 학습은 3장에서 설명했던 순전파와 역전파를 반복하며 정밀도를 높이게 됩니다. 그럼 일단 합성곱 레이어와 풀링 레이어의 구조를 살펴보고, CNN의 순전파와 역전파에 대해서 알아봅시다.

4.1.1 합성곱 레이어의 구조

합성곱 레이어는 2차원 데이터에 필터를 적용해서 데이터(각 노드)가 가지고 있는 수치와 필터 값을 조합해 국소적인 특징을 추출합니다. 예를 들어 이미지 데이터에 필터를 적용하면 엣지(대상의 윤곽선 추출 등)와 같은 특징을 추출할 수 있습니다.

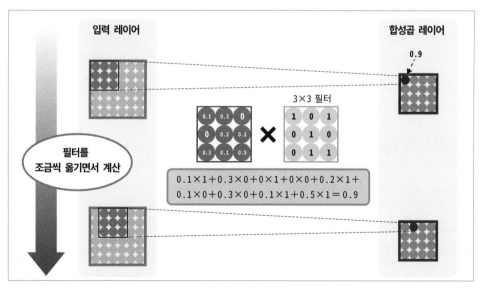

그림 4-2 합성곱 레이어의 구조

필터를 차근차근 움직이면서 합성곱 계산을 하고, 활성화 함수를 적용해서 학습 데이터의 특징량을 추출합니다.

4.1.2 풀링 레이어의 구조

풀링 레이어는 합성곱 레이어로부터 받은 특징량에서 영역 내부의 최대값 또는 평균 값을 추출해서 중요한 특징을 남기며 데이터를 압축합니다. 풀링 레이어를 활용하면 데이터의 특징을 더욱 간단하게 나타낼 수 있으므로 데이터를 다루기 쉬워집니다. 이미지 데이터의 경우 풀링으로 이미지의 위치 뒤틀림을 흡수할 수 있습니다.

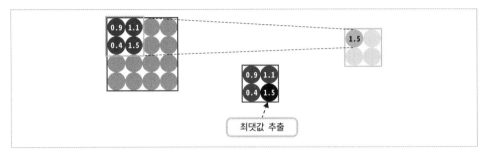

그림 4-3 풀링 레이어의 구조(최댓값)

풀링 레이어의 결과는 1차원 데이터로 변환되어 전결합 레이어로 전달됩니다. 이어서 전결합 레이어의 결과가 활성화 함수에서 변환된 뒤 출력 레이어로 전달됩니다. 그리고 출력 레이어가 계산 결과를 활성화 함수로 변환해서 최종적인 출력 결과를 얻습니다. 지금까지 설명한 내용이 순전파입니다.

3장에서 다룬 전결합 신경망과 CNN은 무엇이 다른 것일까요? 예를 들어 10명이 지정된 영역 내부에 같은 문자를 적고, 이를 이미지 데이터로 변환하는 경우를 생각해봅시다. 같은 문자를 적더라도 사람에 따라서 적는 위치가 다를 수도 있고, 기울기 등이 조금씩 다를 수 있습니다.

예를 들어 특징량을 1픽셀 단위의 작은 밀도로 추출하면 이미지의 흔들림(오차)이 굉장히 커지므로 다른 문자 이미지로 인식해버릴 수 있습니다.

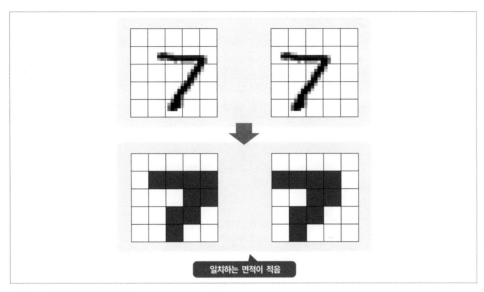

그림 4-4 전결합 신경망의 경우

하지만 CNN의 경우, 합성곱 레이어로 특징량을 영역 단위로 추출하고, 풀링 레이어로 위치의 흔들림을 흡수할 수 있으므로 같은 문자 이미지라는 것을 확실하게 인식할 수 있습니다. 이것이 CNN을 사용하는 장점이라고 할 수 있습니다.

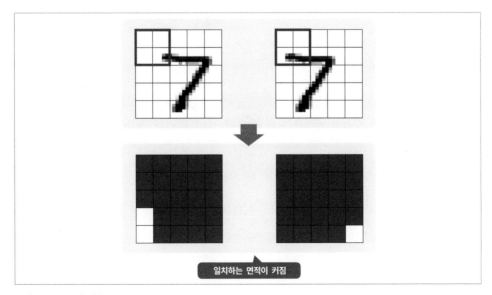

그림 4-5 CNN의 경우

4.1.3 패딩의 구조

합성곱 레이어와 풀링 레이어로 특징량을 추출하면 데이터의 크기가 원래 크기보다 굉장히 작
아지게 됩니다. 데이터 크기를 유지하고 싶다면 특징량의 주위를 0으로 감싸면 됩니다. 이를
"**제로 패딩(zero padding)**"이라고 부릅니다. 제로 패딩을 적용하면 테두리에 있는 특징을 훨
씬 더 잘 추출할 수 있습니다.

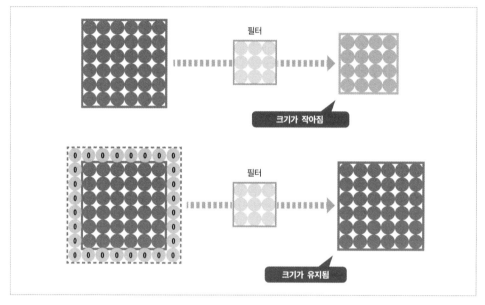

그림 4-6 제로 패딩

역전파 때는 출력 레이어에서 추출한 결과와 정답 데이터를 비교해서 오차 함수를 사용해 오차
를 계산합니다. 그리고 오차가 최소가 되게 출력 레이어에서 입력 레이어를 향해 오차 역전파
법에 따라 합성곱 레이어의 필터 매개 변수를 변경하고 학습합니다. 필터 매개 변수는 3장에서
다룬 전결합 신경망의 엣지 가중치에 해당합니다.

CNN 학습은 3장에서 설명했던 방식과 거의 같습니다.

4.2
손글씨 문자 이미지 MNIST 분류하기

3장에서는 전결합 신경망을 생성하고, 손글자 문자 이미지인 MNIST 데이터 세트를 사용해 이미지 분류 문제를 풀어봤습니다. 이번 절에서는 CNN을 구현하고, CNN을 사용해서 이미지를 분류해봅시다. 데이터 세트는 3장에서와 같은 것을 사용합니다. 3장과 마찬가지로 2장에서 생성했던 파이썬 환경으로 이동하고, 환경을 활성화한 뒤 주피터 노트북을 실행해주세요.

코드 4-1

```
$ cd anaconda3/envs/tfbook [Enter]
$ source activate tfbook [Enter]
$ jupyter notebook [Enter]
```

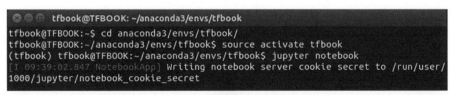

그림 4-7 주피터 노트북 실행하기

주피터 노트북이 실행되면 새로운 노트를 만들어주세요. 그리고 첫 번째 셀부터 차근차근 코드를 입력하며 구현해봅시다. 구현은 3장의 3.3절과 같은 순서로 진행하겠습니다.

4.2.1 라이브러리 읽어 들이기

텐서플로, TFLearn, Numpy 라이브러리를 읽어 들이겠습니다. 다음 코드를 노트의 앞부분에 입력해주세요.

코드 4-2

```
1.  ## 1. 라이브러리 읽어 들이기 ##
2.
3.  # 텐서플로 라이브러리
4.  import tensorflow as tf
5.  # tflearn 라이브러리
6.  import tflearn
7.
8.  # 레이어 생성 등 학습에 필요한 라이브러리 읽어 들이기
9.  from tflearn.layers.core import input_data, dropout, fully_connected
10. from tflearn.layers.conv import conv_2d, max_pool_2d
11. from tflearn.layers.normalization import local_response_normalization
12. from tflearn.layers.estimator import regression
13.
14. # MNIST 데이터 세트를 다루기 위한 라이브러리
15. import tflearn.datasets.mnist as mnist
16.
17. import numpy as np
```

실행해서 오류 메시지가 출력되지 않는다면 라이브러리를 정상적으로 읽어 들인 것입니다.

4.2.2 데이터 읽어 들이고 전처리하기

MNIST 데이터 세트를 읽어 들이고, 배열에 저장합니다. MNIST 데이터 세트는 3장에서 data 디렉터리 아래의 mnist 디렉터리에 내려받았습니다.

코드 4-3

```
1.  ## 2. 데이터 읽어 들이고 전처리하기 ##
2.  # MNIST 데이터를 ./data/mnist에 내려받고, 압축을 해제한 뒤 각 변수에 할당하기
3.  trainX, trainY, testX, testY = mnist.load_data('./data/mnist/', one_hot=True)
```

▶▶▶ **3번째 줄:** load_data 함수를 사용해서 MNIST 데이터를 읽어 들입니다.

- 첫 번째 매개 변수: 데이터를 읽어 들일 경로를 지정합니다. data 디렉터리 아래의 mnist 디렉터리를 지정했습니다. 데이터가 없다면 자동으로 내려받습니다.

- 두 번째 매개 변수: 정답 데이터를 One-hot 형식으로 변환할지 지정합니다. 예제에서는 True(변환하기)로 지정했습니다. One-hot 형식이란 "정답의 종류"를 크기로 하는 배열에서 정답을 1로 지정하고, 나머지 값을 0으로 지정하는 형식입니다. 예제에서는 손글씨 숫자가 0~9를 가지므로 "정답의 종류"가 10개가 됩니다.

셀의 실행 결과를 보면 데이터를 내려받고 압축을 성공적으로 해재한 것을 확인할 수 있습니다.

```
Extracting ./data/mnist/train-images-idx3-ubyte.gz
Extracting ./data/mnist/train-labels-idx1-ubyte.gz
Extracting ./data/mnist/t10k-images-idx3-ubyte.gz
Extracting ./data/mnist/t10k-labels-idx1-ubyte.gz
```

그림 4-8 MNIST 데이터 읽어 들이기

학습 전용 이미지 픽셀 데이터를 배열 **trainX**에 저장하고, 학습 전용 이미지 정답 데이터를 배열 **trainY**에 저장했습니다. 또한 테스트 전용 이미지 픽셀 데이터를 배열 **testX**, 테스트 전용 이미지 정답 데이터를 배열 **testY**에 저장했습니다.

학습 전용 데이터 세트는 모델 생성과 정밀도 검증에 사용하고, 테스트 전용 데이터 세트는 미지의 데이터로 사용합니다. 테스트 전용 데이터 세트도 정답 데이터를 가지고 있지만, 정답 값을 가지지 않은 미지의 데이터가 따로 없으므로 테스트 전용 데이터 세트를 미지의 데이터로 사용하는 것입니다.

4.2.3 데이터 확인하기

학습 전용 이미지 하나의 픽셀 데이터와 정답 데이터를 출력해봅시다.

코드 4-4

```
1.  # 첫 번째 이미지가 가진 픽셀값 출력하기
2.  trainX[0]
```

```
0.        , 0.        , 0.        , 0.        , 0.        ,
0.        , 0.        , 0.        , 0.        , 0.        ,
0.        , 0.        , 0.        , 0.        , 0.        ,
0.        , 0.        , 0.3803922 , 0.37647063, 0.3019608 ,
0.46274513, 0.2392157 , 0.        , 0.        , 0.        ,
0.        , 0.        , 0.        , 0.        , 0.        ,
0.        , 0.        , 0.3529412 , 0.5411765 , 0.9215687 ,
0.9215687 , 0.9215687 , 0.9215687 , 0.9215687 , 0.9215687 ,
0.9843138 , 0.9843138 , 0.9725491 , 0.9960785 , 0.9607844 ,
0.9215687 , 0.74509805, 0.08235294, 0.        , 0.        ,
0.        , 0.        , 0.        , 0.        , 0.        ,
0.        , 0.        , 0.        , 0.        , 0.54901963,
0.9843138 , 0.9960785 , 0.9960785 , 0.9960785 , 0.9960785 ,
0.9960785 , 0.9960785 , 0.9960785 , 0.9960785 , 0.9960785 ,
0.9960785 , 0.9960785 , 0.9960785 , 0.9960785 , 0.9960785 ,
0.7411765 , 0.09019608, 0.        , 0.        , 0.        ,
0.        , 0.        , 0.        , 0.        , 0.        ,
0.        , 0.        , 0.8862746 , 0.9960785 , 0.81568635,
```

그림 4-9 데이터 확인하기

실행 결과를 스크롤 해보면 모든 픽셀 데이터를 확인할 수 있습니다.

코드 4-5

```
1.  # 첫 번째 이미지가 가진 픽셀값의 크기 출력하기
2.  print(len(trainX[0]))
3.
4.  # 첫 번째 이미지의 정답 데이터 출력하기
5.  print(trainY[0])
```

▶▶▶ 2번째 줄: 배열 trainX의 첫 번째 요소 크기를 화면에 출력합니다.

▶▶▶ 5번째 줄: 배열 trainY의 첫 번째 요소를 화면에 출력합니다.

```
784
[0. 0. 0. 0. 0. 0. 0. 1. 0. 0.]
```

그림 4-10 데이터 확인하기

첫 번째 이미지의 픽셀 데이터는 크기가 784인 1차원 배열입니다. 또한 정답 데이터를 보면 이
미지가 숫자 7이라는 것을 알 수 있습니다.

코드 4-6

```
1.  # 이미지 픽셀 데이터를 1차원에서 2차원으로 변환하기
2.  trainX = trainX.reshape([-1, 28, 28, 1])
3.  testX = testX.reshape([-1, 28, 28, 1])
```

▶▶▶ 2번째 줄: CNN을 사용해 학습하려면 학습(입력) 데이터가 2차원 배열이어야 합니다. 따라서 1차원
데이터 배열 trainX와 testX를 reshape 함수를 이용해 2차원으로 변환합니다.

- 첫 번째 매개 변수: 크기가 784인 데이터이므로 28×28로 변환해야 합니다. 따라서 매개 변수를 -1, 28,
28로 지정합니다. 그리고 그레이스케일 이미지이므로 컬러 채널은 1로 지정합니다.

▶▶▶ 3번째 줄: 위와 같은 이유로 배열 testX를 2차원 데이터로 변환합니다.

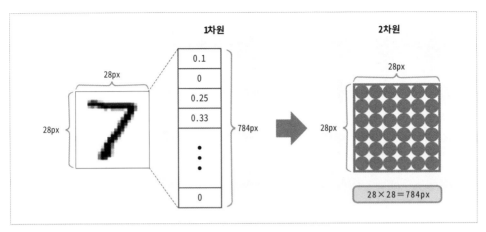

그림 4-11 1차원 데이터를 2차원 데이터로 변환하기

변환한 학습 전용 이미지 중에서 첫 번째 픽셀 데이터를 출력해봅시다.

코드 4-7

```
1.  # 첫 번째 픽셀값 출력해보기
2.  trainX[0]
```

```
[0.        ],
[0.        ],
[0.        ],
[0.        ],
[0.3803922 ],
[0.37647063],
[0.3019608 ],
[0.46274513],
[0.2392157 ],
[0.        ],
[0.        ],
[0.        ],
[0.        ],
[0.        ],
[0.        ],
[0.        ],
```

그림 4-12 변환한 학습 전용 이미지에서 첫 번째 픽셀 데이터 출력해보기

추가로 크기도 확인해봅시다.

코드 4-8

```
1.  # 하나의 픽셀값 크기 출력하기
2.  len(trainX[0])
```

배열 trainX의 첫 번째 배열 크기는 28입니다. 하나의 이미지 픽셀 데이터는 크기 28×28인 2차원 배열입니다. 그림 4-9와 그림 4-12의 픽셀 값을 비교해보면 값은 같고 구조만 다르다는 것을 알 수 있습니다.

4.2.4 신경망 만들기

이번 절에서는 입력 레이어가 28×28 노드, 중간 레이어인 합성곱 레이어와 풀링 레이어가 각각 2개, 전결합 레이어가 1개, 출력 레이어가 10 노드(숫자 0~9를 나타내는 10종류)인 CNN을 구축하고, 모델의 분류 정밀도를 확인해보겠습니다. 합성곱 레이어로 사용할 필터의 크기는 5이며, 풀링 레이어의 영역 크기는 2로 하겠습니다. 추가로 전결합 레이어의 노드 수를 128로 하겠습니다.

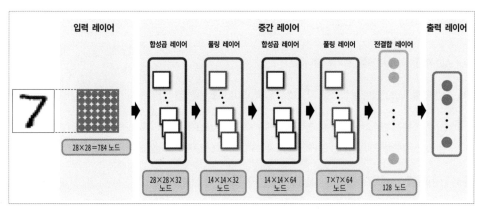

그림 4-13 CNN

코드 4-9

```
1.  ## 3. 신경망 만들기 ##
2.
3.  ## 초기화
4.  tf.reset_default_graph()
5.
6.  ## 입력 레이어 만들기
7.  net = input_data(shape=[None, 28, 28, 1])
```

```
8.  ## 중간 레이어 만들기
9.  # 합성곱 레이어 만들기
10. net = conv_2d(net, 32, 5, activation='relu')
11. # 풀링 레이어 만들기
12. net = max_pool_2d(net, 2)
13. # 합성곱 레이어 만들기
14. net = conv_2d(net, 64, 5, activation='relu')
15. # 풀링 레이어 만들기
16. net = max_pool_2d(net, 2)
17. # 전결합 레이어 만들기
18. net = fully_connected(net, 128, activation='relu')
19. net = dropout(net, 0.5)
20.
21. ## 출력 레이어 만들기
22. net = tflearn.fully_connected(net, 10, activation='softmax')
23. net = tflearn.regression(net, optimizer='sgd', learning_rate=0.5, loss='categorical_cro
ssentropy')
```

▶▶▶ **4번째 줄**: 네트워크를 초기화합니다.

▶▶▶ **7번째 줄**: input_data 함수를 사용해서 입력 레이어를 생성합니다.

- **첫 번째 매개 변수**: shape에는 입력할 학습 데이터의 상태로 배치 크기와 노드 수를 정합니다. 예제에서
  는 None(지정하지 않음)과 28, 28(이미지의 크기) 그리고 1(그레이스케일)을 지정했습니다.

▶▶▶ **11번째 줄**: conv_2d 함수를 사용해서 합성곱 레이어를 생성합니다.

- **첫 번째 매개 변수**: 생성할 레이어 바로 앞의 레이어를 설정합니다. 예제에서는 net을 지정했습니다.

- **두 번째 매개 변수**: 합성곱 필터 수(출력 차원 수)를 설정합니다. 예제에서는 첫 번째 합성곱 레이어에 32
  를 지정했습니다.

- **세 번째 매개 변수**: 필터 크기를 설정합니다. 예제에서는 5×5를 지정했습니다.

- **네 번째 매개 변수**: 사용할 활성화 함수를 설정합니다. 예제에서는 relu(ReLU 함수)를 사용합니다.

- 참고로 매개 변수에 명시적으로 설정하지는 않았지만, 제로 패딩을 수행해서 크기를 유지합니다. 마찬가
  지로 필터는 하나씩 슬라이드합니다.

▶▶▶ **13번째 줄: max_pool_2d 함수를 사용해서 풀링 레이어를 생성합니다.**

- **첫 번째 매개 변수**: 생성할 레이어 바로 앞의 레이어를 설정합니다. 예제에서는 net을 지정했습니다.

- **두 번째 매개 변수**: 최대 풀링 영역을 설정합니다. 예제에서는 2×2를 지정했습니다

▶▶▶ **15번째 줄: conv_2d 함수를 사용해서 합성곱 레이어를 생성합니다.**

- **첫 번째 매개 변수**: 생성할 레이어 바로 앞의 레이어를 설정합니다. 예제에서는 net을 지정했습니다.

- **두 번째 매개 변수**: 합성곱 필터 수(출력 차원 수)를 설정합니다. 예제에서는 첫 번째 합성곱 레이어에 64를 지정했습니다.

- **세 번째 매개 변수**: 필터 크기를 설정합니다. 예제에서는 5×5를 지정했습니다.

- **네 번째 매개 변수**: 사용할 활성화 함수를 설정합니다. 예제에서는 relu(ReLU 함수)를 사용합니다.

- 참고로 매개 변수에 명시적으로 설정하지는 않았지만, 제로 패딩을 수행해서 크기를 유지합니다. 마찬가지로 필터는 하나씩 슬라이드합니다.

▶▶▶ **17번째 줄: max_pool_2d 함수를 사용해서 풀링 레이어를 생성합니다.**

- **첫 번째 매개 변수**: 생성할 레이어 바로 앞의 레이어를 설정합니다. 예제에서는 net을 지정했습니다.

- **두 번째 매개 변수**: 최대 풀링 영역을 설정합니다. 예제에서는 2×2를 지정했습니다.

입력 레이어로 입력되는 $28 \times 28 \times 1$ 크기의 데이터는 첫 번째 합성곱 레이어에서 $28 \times 28 \times 32$ 크기가 되고, 첫 번째 풀링 레이어에서 $14 \times 14 \times 32$ 크기가 됩니다. 또한 두 번째 합성곱 레이어에서 $14 \times 14 \times 64$ 크기가 되고, 두 번째 풀링 레이어에서 $7 \times 7 \times 64$ 크기가 됩니다.

▶▶▶ **19번째 줄: fully_connected 함수를 사용해 전결합 레이어를 생성합니다.**

- **첫 번째 매개 변수**: 생성할 레이어 바로 앞의 레이어(결합 대상 레이어)를 설정합니다. 예제에서는 net을 지정했습니다.

- **두 번째 매개 변수**: 생성할 레이어의 노드 수를 설정합니다. 예제에서는 128을 설정했습니다.

- **세 번째 매개 변수**: 생성할 레이어에서 사용할 활성화 함수를 설정합니다. 예제에서는 relu(ReLU 함수)를 설정했습니다.

▶▶▶ **20번째 줄: dropout 함수를 사용해서 생성한 레이어에 드롭아웃을 적용합니다.**

- **첫 번째 매개 변수:** 드롭아웃 대상 레이어를 설정합니다. 예제에서는 net을 설정했습니다.

- **두 번째 매개 변수:** 대상 레이어의 모든 노드 중에 얼마만큼의 비율만 남길지 비율을 설정합니다. 예제에서는 0.5를 지정했습니다.

▶▶▶ **23번째 줄: fully_connected 함수를 사용해 전결합 레이어를 생성합니다.**

- **첫 번째 매개 변수:** 생성할 레이어 바로 앞의 레이어를 설정합니다. 예제에서는 net을 지정했습니다.

- **두 번째 매개 변수:** 생성할 레이어의 노드 수를 설정합니다. 예제에서는 10을 설정했습니다. 이는 정답 레이블이 0~9를 나타내는 숫자이기 때문입니다.

- **세 번째 매개 변수:** 생성할 레이어에서 사용할 활성화 함수를 설정합니다. 예제에서는 softmax(소프트맥스 함수)를 설정했습니다.

▶▶▶ **24번째 줄: regression 함수를 사용해 학습 조건을 설정합니다.**

- **첫 번째 매개 변수:** 학습 대상 레이어를 설정합니다. 예제에서는 지금까지 만든 net을 설정합니다.

- **두 번째 매개 변수:** 최적화 방법을 설정합니다. 예제에서는 sgd(확률적 경사 하강법)을 사용합니다.

- **세 번째 매개 변수:** 학습 계수의 감쇄 계수를 설정합니다. 예제에서는 0.5를 지정했습니다.

- **네 번째 매개 변수:** 오차 함수를 설정합니다. 예제에서는 categorical_crossentropy(교차 엔트로피)를 설정했습니다.

4.2.5 모델 만들기(학습)

학습 데이터 세트를 사용해서 생성한 CNN을 학습해봅시다.

코드 4-10

```
1.  ## 4. 모델 만들기(학습) ##
2.  # 학습하기
3.  model = tflearn.DNN(net)
4.  model.fit(trainX, trainY, n_epoch=20, batch_size=100, validation_set=0.1,
    show_metric=True)
```

▶▶▶ **3번째 줄: DNN 함수를 사용해서 생성한 신경망과 학습 조건을 설정합니다.**

- **첫 번째 매개 변수:** 설정할 대상 신경망을 설정합니다. 예제에서는 net을 지정했습니다.

▶▶▶ **4번째 줄: fit 함수를 사용해서 학습을 실행하고, 모델을 생성합니다.**

- **첫 번째 매개 변수:** 학습 데이터를 설정합니다. 예제에서는 학습 전용 이미지 픽셀 데이터를 저장하고 있는 배열 trainX를 지정했습니다.

- **두 번째 매개 변수:** 정답 데이터를 설정합니다. 예제에서는 학습 전용 이미지의 정답 데이터를 저장하고 있는 배열 trainY를 지정했습니다.

- **세 번째 매개 변수:** 에포크 수(= 학습 횟수)를 설정합니다. 예제에서는 20을 지정했습니다.

- **네 번째 매개 변수:** 배치 크기를 설정합니다. 예제에서는 100을 지정했습니다.

- **다섯 번째 매개 변수:** 모델의 정밀도를 검증하기 위한 테스트 데이터 세트를 설정합니다. 예제에서는 학습 전용 데이터의 10%(0.1)를 활용하게 했습니다.

- **여섯 번째 매개 변수:** 학습 단계별로 정밀도를 출력할지 설정합니다. 예제에서는 True(출력하기)를 지정했습니다.

주피터 노트북의 실행 버튼을 클릭해서 실행하면 학습 상태가 출력됩니다. 필자의 환경에서는 학습 전용 데이터 세트를 만들고, 테스트해서 정밀도를 확인했을 때 99.16%의 정밀도가 나왔습니다. 모델의 정밀도는 실행 환경에 따라서 다를 수 있으므로 책과 반드시 같게 나온다고는 할 수 없습니다.

```
Training Step: 9899 | total loss: 0.63967 | time: 97.624s
| SGD | epoch: 020 | loss: 0.63967 - acc: 0.9643 -- iter: 49400/49500
Training Step: 9900 | total loss: 0.57805 | time: 101.241s
| SGD | epoch: 020 | loss: 0.57805 - acc: 0.9678 | val_loss: 0.02985 - val_acc: 0.9916 -- iter: 49500/49500
--
```

그림 4-14 학습 상태 출력

4.2.6 모델 적용하기(예측)

생성한 모델을 사용해 미지의 데이터(예제에서는 테스트 전용 데이터 세트)를 예측하고 정밀도를 확인해봅시다.

코드 4-11

```
1.  ## 5. 모델 적용하기(예측) ##
2.  pred = np.array(model.predict(testX)).argmax(axis=1)
3.  print(pred)
4.
5.  label = testY.argmax(axis=1)
6.  print(label)
7.
8.  accuracy = np.mean(pred == label, axis=0)
9.  print(accuracy)
```

▶▶▶ 2~3번째 줄: 생성한 모델을 테스트 전용 데이터의 픽셀을 저장하고 있는 배열 testX에 적용하고, 출력 결과(0~9 사이의 숫자)를 변수 pred에 저장합니다. 그리고 화면에 출력합니다.

▶▶▶ 5~6번째 줄: 테스트 전용 데이터의 정답 값을 저장하고 있는 배열 testY(0~9 사이의 숫자)를 변수 label에 저장하고, 화면에 출력합니다.

▶▶▶ 8~9번째 줄: 출력 결과를 저장한 변수 pred의 값과 정답 값을 저장하고 있는 변수 label의 값을 비교해서 어느 정도 일치하는지 정밀도를 구합니다.

```
[7 2 1 ... 4 5 6]
[7 2 1 ... 4 5 6]
0.9918
```

그림 4-15 예측 정밀도 확인하기

미지의 데이터에 대한 예측 정밀도가 99.18%입니다. 3장에서 전결합 신경망을 사용했을 때보다 높은 정밀도로 분류할 수 있다는 것을 알 수 있습니다. 이처럼 이미지 데이터를 처리할 때는 CNN을 사용하는 것이 더욱 효율적이라는 것을 기억해주세요.

지금까지는 이미지가 픽셀값으로 제공되는 데이터 세트를 사용했습니다. 하지만 일반적인 이미지는 JPEG 형식 또는 PNG 형식으로 되어 있습니다. 이러한 사람의 눈으로 쉽게 판별할 수 있는 이미지 파일을 입력 데이터로 넣어 사용하려면 어떻게 해야 할까요? 다음 절에서는 이와 같은 이미지 파일을 처리해서 픽셀값으로 변환하는 방법을 알아보겠습니다.

4.3
일반적인 이미지 분류

JPEG 형식 또는 PNG 형식의 이미지 파일은 머신러닝에 사용할 수 있는 자료형으로 변환해야 합니다. 이미지 처리 라이브러리인 Pillow를 사용해서 이러한 변환 방법을 살펴봅시다.

4.3.1 Pillow 기본 조작

Pillow(PIL)[1]는 파이썬 이미지 처리 라이브러리입니다. 이미지를 그레이스케일로 변환, 이진화 등의 가공, 크기 변경 등을 할 수 있습니다. Pillow는 아나콘다를 설치할 때 자동으로 함께 설치됩니다.

이번 절에서는 딥러닝 구현에 필요한 기본적인 조작 방법만 살펴보겠습니다. 3장의 3.4.2절과 마찬가지로 2장에서 구축한 파이썬 환경으로 이동하고, 환경을 활성화한 뒤 주피터 노트북을 실행합니다.

일단 Numpy와 Pillow(PIL) 라이브러리를 읽어 들입니다.

---

1 https://pillow.readthedocs.io/en/4.2.x/

코드 4-12

```
1.  ## 라이브러리 읽어 들이기
2.  import numpy as np
3.  from PIL import Image
```

100×100 크기의 이미지 파일을 하나 넣고 화면에 출력해봅시다.

코드 4-13

```
1.  # 이미지 파일 읽어 들이기
2.  image = Image.open('./data/pict/sample.jpg', 'r')
3.  # 이미지 파일 출력하기
4.  image
```

▶▶▶ 2번째 줄: 읽어 들일 파일을 지정하고, 이미지 데이터를 변수 image에 저장합니다.

▶▶▶ 4번째 줄: 변수 image를 화면에 출력합니다.

그림 4-16 컬러 이미지 조작하기

이미지 파일을 픽셀값으로 출력해봅시다. 컬러 이미지이므로 픽셀값은 〈너비〉×〈높이〉×〈색 (RGB)〉인 3차원 배열이 됩니다.

코드 4-14

```
1.  # 이미지 파일의 픽셀값 추출하기
2.  image_px = np.array(image)
3.  # 이미지 파일의 픽셀값 출력하기
4.  print(image_px)
```

▶▶▶ **2번째 줄:** 변수 image에 저장한 이미지 데이터를 Numpy 배열로 변환하고, 배열 image_px에 저장합니다.

▶▶▶ **4번째 줄:** 배열 image_px의 요소를 화면에 출력합니다.

```
[[125 116 137]
 [116 107 128]
 [112 100 120]
 ...
 [ 61  57  80]
 [ 62  58  81]
 [ 61  57  80]]

[[122 113 134]
 [122 110 132]
 [120 108 128]
 ...
 [ 62  58  81]
 [ 61  57  80]
 [ 60  56  79]]]
```

그림 4-17 컬러 이미지 조작하기

3차원 픽셀값 배열을 1차원 배열로 변환해서 출력해봅시다. 그리고 변환한 배열의 크기도 함께 확인해봅시다.

코드 4-15

```
1.  # 이미지를 1차원 배열로 변환하기
2.  image_flatten = image_px.flatten().astype(np.float32) / 255.0
3.  print(image_flatten)
4.
5.  # 이미지 픽셀값(배열)의 크기 출력하기
6.  print(len(image_flatten))
```

▶▶▶ **2번째 줄:** 배열 image_px을 1차원 배열 형태로 변환하고, 255로 나누어 정규화해서 배열 image_flatten에 저장합니다.

▶▶▶ **3번째 줄:** 배열 image_flatten의 요소를 화면 위에 출력합니다.

▶▶▶ **6번째 줄:** 배열 image_flatten의 크기를 화면 위에 출력합니다.

```
[0.40784314 0.3764706  0.46666667 ... 0.23529412 0.21960784 0.30980393]
30000
```

그림 4-18 컬러 이미지 조작

배열 image_flatten의 크기는 30,000입니다. 이는 세로(100픽셀)×가로(100픽셀)×색(RGB 3색)을 의미합니다.

이번에는 이전에 읽은 컬러 이미지 파일을 그레이스케일 이미지로 변환하고 출력해봅시다.

코드 4-16

```
1.  # 이미지를 그레이스케일로 변환하기
2.  gray_image = image.convert('L')
3.  # 이미지 파일을 출력하기
4.  gray_image
```

▶▶▶ 2번째 줄: 컬러 이미지를 저장한 변수 image를 그레이스케일 이미지로 변환하고, 변수 gray_ image에 저장합니다.

▶▶▶ 4번째 줄: 변수 gray_image를 화면에 출력합니다.

그림 4-19 그레이스케일 이미지 조작(흑백으로 출력됩니다)

이미지 파일을 픽셀값으로 변환해서 출력해봅시다. 그레이스케일 이미지이므로 픽셀값은 〈세로〉×〈가로〉 형태의 2차원 배열로 출력됩니다.

코드 4-17

```
1.  # 이미지 파일을 픽셀값으로 변환하기
2.  gray_image_px = np.array(gray_image)
3.  print(gray_image_px)
```

▶▶▶ **2번째 줄:** 변수 gray_image에 저장한 이미지 데이터를 Numpy 배열로 변환하고, 배열 gray_image_px에 저장합니다.

▶▶▶ **3번째 줄:** 배열 gray_image_px의 요소를 화면에 출력합니다.

```
[[101 109 110 ... 119 121 114]
 [ 94 109 112 ... 107 126 111]
 [ 91 106 106 ... 110 174 170]
 ...
 [120 115 109 ...  60  61  62]
 [121 112 105 ...  60  61  60]
 [118 116 113 ...  61  60  59]]
```

그림 4-20 그레이스케일 이미지 조작

2차원 픽셀값 배열을 1차원 배열로 변환해서 출력해봅시다. 그리고 변환한 배열의 크기도 함께 확인해봅시다.

코드 4-18

```
1.  # 이미지를 1차원 배열로 변환하기
2.  gray_image_flatten = gray_image_px.flatten().astype(np.float32)/255.0
3.  print(gray_image_flatten)
4.
5.  # 이미지 픽셀값(배열)의 크기 출력하기
6.  print(len(gray_image_flatten))
```

▶▶▶ **2번째 줄:** 배열 gray_image_flatten을 1차원의 플랫한 형식으로 변환하고, 255로 나누어서 정규화한 다음 배열 gray_image_flatten에 저장합니다.

▶▶▶ **3번째 줄:** 배열 gray_image_flatten의 요소를 화면에 출력합니다.

▶▶▶ **6번째 줄:** 배열 gray_image_flatten의 크기를 화면에 출력합니다.

```
[0.39607844 0.42745098 0.43137255 ... 0.23921569 0.23529412 0.23137255]
10000
```

그림 4-21 그레이스케일 이미지 조작하기

플랫하게 변환한 배열의 크기는 10,000입니다. 이는 세로(100픽셀)×가로(100픽셀)×1(그레이스케일)이기 때문입니다.

지금까지 Pillow로 컬러 이미지를 그레이스케일로 변환하는 방법을 알아봤습니다.

이미지를 기반으로 분류 모델을 만들려면 충분한 양의 이미지가 필요합니다. 하지만 충분한 양의 이미지 데이터를 제공할 수 없는 경우, 원래 이미지 데이터를 조금 가공해서 그 수를 늘리는 방법도 고려해볼 수 있습니다. 그럼 Pillow를 사용해서 이미지를 가공하는 방법을 알아보겠습니다. 일단 라이브러리를 읽어 들입니다.

코드 4-19

```
1.  # 라이브러리 읽어 들이기
2.  from PIL import ImageEnhance
```

다음 코드는 이미지의 채도를 변경하고, 결과를 화면에 출력합니다.

코드 4-20

```
1.  # 이미지의 채도 조정하기
2.  conv1 = ImageEnhance.Color(image)
3.  conv1_image = conv1.enhance(0.5)
4.  conv1_image
```

▶▶▶ 2~3번째 줄: 이미지 image의 채도를 계수 값(0.5)으로 조정하고, 해당 결과를 변수 conv1_image에 저장합니다. 계수가 0.0이면 검은 이미지가 되며, 계수가 1.0이면 원래 이미지 그대로입니다.

▶▶▶ 4번째 줄: 이미지 conv1_image를 화면에 출력합니다.

그림 4-22 이미지의 색조 비교(원본 이미지)

그림 4-23 이미지의 색조 비교(채도 0.5 이미지)

※그레이스케일에 가깝게 채도가 줄어듭니다.

이미지의 명도(색의 명암 척도)를 변경하고, 결과를 출력해봅시다.

코드 4-21

```
1.   # 이미지의 명도 조정하기
2.   conv2 = ImageEnhance.Brightness(image)
3.   conv2_image = conv2.enhance(0.5)
4.   conv2_image
```

▶▶▶ 2~3번째 줄: 이미지 image의 명도를 계수 값(0.5)으로 조정하고, 해당 결과를 변수 conv2_image
에 저장합니다. 계수가 0.0이면 검은 이미지가 되고, 계수가 1.0이면 원래 이미지 그대
로입니다.

▶▶▶ 4번째 줄: 이미지 conv2_image를 화면에 출력합니다.

그림 4-24 이미지의 명도 비교(원본 이미지)

그림 4-25 이미지의 명도 비교(명도 0.5 이미지)

이미지의 콘트라스트(색의 명도 대비)를 변경하고, 해당 결과를 출력해봅시다.

코드 4-22

```
1.  # 이미지의 콘트라스트 조정하기
2.  conv3 = ImageEnhance.Contrast(image)
3.  conv3_image = conv3.enhance(0.5)
4.  conv3_image
```

▶▶▶ 2~3번째 줄: 이미지 image의 콘트라스트를 계수 값(0.5)으로 조정하고, 해당 결과를 변수 conv3_
image에 저장합니다. 계수가 0.0이면 회색 이미지가 되며, 계수가 1.0이면 원래 이미
지 그대로입니다.

▶▶▶ 4번째 줄: 이미지 conv3_image를 화면에 출력합니다.

그림 4-26 이미지의 콘트라스트 비교(원본 이미지)   그림 4-27 이미지의 콘트라스트 비교(콘트라스트 0.5 이미지)

이미지의 날카로움(Sharpness)(윤곽을 강조하는 척도)을 변경하고, 해당 결과를 출력해봅
시다.

코드 4-23

```
1.  # 이미지의 날카로움 조정하기
2.  conv4 = ImageEnhance.Sharpness(image)
3.  conv4_image = conv4.enhance(2.0)
4.  conv4_image
```

▶▶▶ 2~3번째 줄: 이미지 image의 날카로움을 계수 값(0.5)으로 조정하고, 해당 결과를 변수 conv3_
image에 저장합니다. 계수가 0.0이면 윤곽이 흐린 이미지가 되며, 계수가 1.0이면 원
래 이미지 그대로, 계수가 2.0이라면 윤곽을 굉장히 강조해서 선명한 이미지가 됩니다.

▶▶▶ 4번째 줄: 이미지 conv4_image를 화면에 출력합니다.

그림 4-28 이미지의 날카로움 비교(원본 이미지)

그림 4-29 이미지의 날카로움 비교(날카로움 2.0 이미지)

마지막으로 가공한 이미지를 저장해봅시다.

코드 4-24

```
1.  # 가공한 이미지 저장하기
2.  conv4_image.save("./data/pict/conv_sample.jpg")
```

▶▶▶ 2번째 줄: 날카로움을 조정한 이미지 파일을 conv_sample.jpg라는 이름으로 저장합니다.

지금까지 Pillow를 사용해서 이미지의 채도, 명도, 콘트라스트, 날카로움 정도를 가공하는 방법을 살펴봤습니다.

4.3.2 이미지 분류하기

Pillow의 기본적인 사용 방법에 익숙해졌다면 이제 일반적인 이미지를 분류하는 문제를 해결해봅시다. 이미지 데이터를 학습에 사용할 수 있게 하려면 입력 레이어에 전달할 수 있는 형태로 변환해야 합니다. 그리고 4.2절처럼 CNN을 구현하기만 하면 이미지를 분류할 수 있습니다. 이번 절의 예제는 3장, 4.2절과 마찬가지로 주피터 노트북으로 구현합니다. 일단 주피터 노트북에서 새로운 노트를 만들어주세요.

1. 라이브러리 읽어 들이기

텐서플로, TFLearn, OS, Numpy, Pillow 라이브러리를 읽어 들입니다. 다음 코드를 노트의 첫 번째 셀에 입력해주세요.

코드 4-25

```
1.   ## 1. 라이브러리 읽어 들이기 ##
2.
3.   # 텐서플로 라이브러리
4.   import tensorflow as tf
5.   # tflearn 라이브러리
6.   import tflearn
7.
8.   # 레이어 생성 등 학습에 필요한 라이브러리 읽어 들이기
9.   from tflearn.layers.core import input_data, dropout, fully_connected
10.  from tflearn.layers.conv import conv_2d, max_pool_2d
11.  from tflearn.layers.normalization import local_response_normalization
12.  from tflearn.layers.estimator import regression
13.
14.  import os
15.  import numpy as np
16.  from PIL import Image
```

실행해서 오류 메시지가 출력되지 않는다면 라이브러리를 모두 정상적으로 읽어 들인 것입니다.

2. 데이터 읽어 들이기와 전처리

이미지를 읽어 들이고 몇 가지 처리를 하도록 합시다. 강조한 부분(코드 4-26의 15, 17, 19, 20번째 줄)이 이미지와 관련된 주요 처리입니다.

코드 4-26

```
1.   ## 이미지 데이터 처리하기
2.
3.   # 학습 전용 이미지 파일을 저장하고 있는 디렉터리
4.   train_dirs = ['pos', 'neg']
5.
6.   # 학습 데이터를 저장할 배열 준비하기
7.   trainX = [] # 이미지 픽셀값
8.   trainY = [] # 정답 데이터
9.
```

```
10. for i, d in enumerate(train_dirs):
11.     # 파일 이름 추출하기
12.     files = os.listdir('./data/pict/' + d)
13.     for f in files:
14.         # 이미지 읽어 들이기
15.         image = Image.open('./data/pict/' + d + '/' + f, 'r')
16.         # 그레이스케일로 변환하기
17.         gray_image = image.convert('L')
18.         # 이미지 파일을 픽셀값으로 변환하기
19.         gray_image_px = np.array(gray_image)
20.         gray_image_flatten = gray_image_px.flatten().astype(np.float32) / 255.0
21.         trainX.append(gray_image_flatten)
22.
23.         # 정답 데이터를 one_hot 형식으로 변환하기
24.         tmp = np.zeros(2)
25.         tmp[i] = 1
26.         trainY.append(tmp)
27.
28. # numpy 배열로 변환하기
29. trainX = np.asarray(trainX)
30. trainY = np.asarray(trainY)
```

▶▶▶ 4번째 줄: 학습 전용 이미지 파일이 있는 디렉터리를 지정합니다. 이미지 파일은 pos(positive) 디
렉터리에 291개, neg(negative) 디렉터리에 193개가 저장돼 있습니다. 추가로 디렉터리
이름이 정답 데이터 자체입니다.

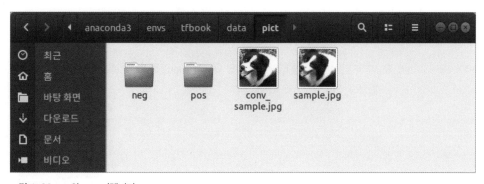

그림 4-30 pos와 neg 디렉터리

그림 4-31 pos 디렉터리의 이미지

그림 4-32 neg 디렉터리의 이미지

▶▶▶ 10번째 줄: enumerate() 함수로 인덱스를 붙이고, 두 이미지 디렉터리를 읽어 들입니다. 이때 인덱
스는 정답 데이터로 활용합니다.

▶▶▶ 13번째 줄: 이미지 디렉터리 내부의 이미지 하나하나에 14~26번째 줄의 처리를 수행합니다.

▶▶▶ 15번째 줄: 이미지 파일을 읽어 들이고, 변수 image에 저장합니다.

▶▶▶ 17번째 줄: 변수 image에 저장한 이미지를 그레이스케일로 변환하고, 변수 gray_image에 저장합
니다.

▶▶▶ 19번째 줄: 변수 gray_image에 저장한 이미지를 Numpy 배열 gray_scale_px에 저장하고, 픽셀
데이터로 표현합니다.

▶▶▶ 20번째 줄: 배열 gray_image_px을 1차원 형태로 변환하고, 배열 gray_image_flatten에 저장합
니다.

▶▶▶ 24번째 줄: 크기가 2, 요소가 0개인 배열 tmp를 생성합니다.

▶▶▶ 25번째 줄: 10번째 줄에서 읽은 디렉터리 인덱스를 사용해서 one-hot 형식의 정답 데이터를 생성
합니다. 따라서 배열 tmp는 pos 디렉터리가 인덱스 0, neg 디렉터리가 인덱스 1인 형
태로 구성됩니다.

▶▶▶ 29~30번째 줄: 이미지 픽셀 데이터 trainX와 정답 데이터 trainY를 한꺼번에 Numpy 배열로 변환
합니다.

3. 데이터 확인하기

변환한 이미지의 픽셀 데이터 trainX와 정답 데이터 trainY에서 첫 번째 데이터를 출력해봅시다.

코드 4-27

```
1.  # 0번째 이미지 픽셀 값과 정답 데이터 출력하기
2.  print(trainX[0])
3.  print(trainY[0])
```

```
[0.7529412  0.9529412  0.76862746 ... 0.8392157  0.6509804  0.47843137]
[1. 0.]
```

그림 4-33 데이터 확인하기

이어서 변환한 이미지의 픽셀 데이터 trainX와 정답 데이터 trainY에서 첫 번째 데이터의 크기를 출력해봅시다.

코드 4-28

```
1.  # 0번째 이미지 픽셀 값과 정답 데이터의 크기 출력하기
2.  print(len(trainX[0]))
3.  print(len(trainY[0]))
```

```
1024
2
```

그림 4-34 데이터 확인하기

하나의 이미지 픽셀 데이터는 크기가 1,024(32×32×1)인 1차원 배열로 저장돼 있으며, 정답 데이터는 크기가 2(pos와 neg라는 값 2개)인 1차원 배열이 저장돼 있다는 것을 알 수 있습니다.

코드 4-29

```
1.  # 이미지 픽셀 데이터를 2차원으로 변환하기
2.  trainX = trainX.reshape([-1, 32, 32, 1])
```

▶▶▶ **2번째 줄:** CNN을 사용해 학습하려면 학습 (입력) 데이터가 2차원이어야 합니다. 따라서 reshape 함수를 사용해서 1차원 배열 데이터 trainX를 2차원 배열 데이터로 변환합니다.

- 첫 번째 매개 변수: 크기가 1,024인 데이터를 32×32로 변환하려면 매개 변수를 −1, 32, 32로 지정합니다. 예제에서는 그레이스케일 이미지를 대상으로 하므로 컬러 채널은 1입니다.

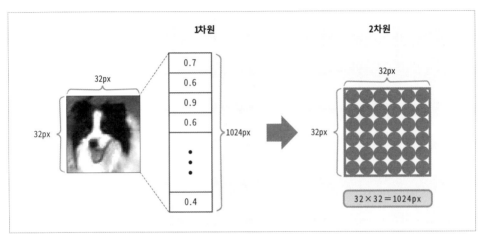

그림 4-35 1차원 데이터를 2차원으로 변환하기

변환한 이미지의 첫 번째 픽셀 데이터를 출력해봅시다.

코드 4-30

```
1.  # 0번째 이미지 픽셀값 출력하기
2.  trainX[0]
```

```
[[[0.7529412 ],
  [0.9529412 ],
  [0.76862746],
  ...,
  [0.07450981],
  [0.00392157],
  [0.26666668]],

 [[0.9098039 ],
  [0.99215686],
  [0.9529412 ],
  ...,
```

그림 4-36 변환한 이미지의 첫 번째 픽셀 데이터 출력하기

추가로 크기도 확인해봅시다.

코드 4-31

```
1.  # 0번째 이미지 픽셀값의 크기 출력하기
2.  print(len(trainX[0]))
```

리스트 trainX의 첫 번째 배열 크기는 32입니다. 첫 번째 이미지의 픽셀 데이터는 32×32 크기를 가진 2차원 리스트에 저장돼 있습니다. 그림 4-33과 그림 4-36의 픽셀 데이터를 비교하면 값이 같지만 구조가 변화했다는 것을 알 수 있습니다.

4. 신경망 만들기

이번 절에서는 입력 레이어가 32×32 노드, 중간 레이어가 합성곱 레이어와 풀링 레이어를 2번 반복한 뒤 전결합 레이어 하나, 출력 레이어가 2 노드(pos와 neg 2가지 종류)로 구성되는 CNN을 구축하고, 모델의 분류 정밀도를 확인해보겠습니다. 합성곱 레이어에서 사용할 필터 크기는 5이며, 풀링 레이어의 영역 크기는 2로 하겠습니다. 추가로 전결합 레이어의 노드 수는 128로 하겠습니다.

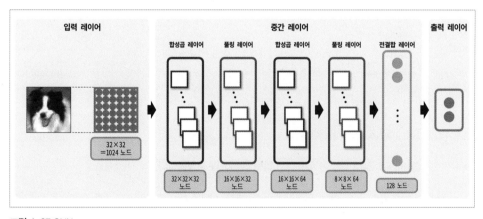

그림 4-37 CNN

코드 4-32

```
1.  ## 3. 신경망 만들기
2.
3.  ## 초기화
4.  tf.reset_default_graph()
5.
6.  ## 입력 레이어 만들기
7.  net = input_data(shape=[None, 32, 32, 1])
8.
9.  ## 중간 레이어 만들기
10. # 합성곱 레이어 만들기
11. net = conv_2d(net, 32, 5, activation='relu')
12. # 풀링 레이어 만들기
13. net = max_pool_2d(net, 2)
14. # 합성곱 레이어 만들기
15. net = conv_2d(net, 64, 5, activation='relu')
16. # 풀링 레이어 만들기
17. net = max_pool_2d(net, 2)
18. # 전결합 레이어 만들기
19. net = fully_connected(net, 128, activation='relu')
20. net = dropout(net, 0.5)
21.
22. ## 출력 레이어 만들기
23. net = tflearn.fully_connected(net, 2, activation='softmax')
24. net = tflearn.regression(net, optimizer='sgd', learning_rate=0.5, loss='categorical_cro
ssentropy')
```

▶▶▶ **4번째 줄:** 네트워크를 초기화합니다.

▶▶▶ **7번째 줄:** input_data 함수를 사용해서 입력 레이어를 생성합니다.

- **첫 번째 매개 변수:** shape에는 입력할 학습 데이터의 상태로 배치 크기와 노드 수를 설정합니다. 예제에서는 None(지정하지 않음)과 32×32(이미지 하나의 픽셀 수) 그리고 1(그레이스케일)을 지정했습니다.

▶▶▶ **11번째 줄:** conv_2d 함수를 사용해서 합성곱 레이어를 생성합니다.

- **첫 번째 매개 변수:** 생성할 레이어 바로 앞의 레이어를 설정합니다. 예제에서는 net을 지정했습니다.

- **두 번째 매개 변수:** 합성곱 필터 수(출력 차원 수)를 설정합니다. 예제에서는 첫 번째 합성곱 레이어에 32를 지정했습니다.

- **세 번째 매개 변수**: 필터 크기를 설정합니다. 예제에서는 5×5를 지정했습니다.

- **네 번째 매개 변수**: 사용할 활성화 함수를 설정합니다. 예제에서는 relu(ReLU 함수)를 사용합니다.

- 참고로 매개 변수에 명시적으로 설정하지는 않았지만, 제로 패딩을 수행해서 크기를 유지합니다. 마찬가지로 필터는 하나씩 슬라이드합니다.

▶▶▶ **13번째 줄**: max_pool_2d 함수를 사용해서 풀링 레이어를 생성합니다.

- **첫 번째 매개 변수**: 생성할 레이어 바로 앞의 레이어를 설정합니다. 예제에서는 net을 지정했습니다.

- **두 번째 매개 변수**: 최대 풀링 영역을 설정합니다. 예제에서는 2×2를 지정했습니다

▶▶▶ **15번째 줄**: conv_2d 함수를 사용해서 합성곱 레이어를 생성합니다.

- **첫 번째 매개 변수**: 생성할 레이어 바로 앞의 레이어를 설정합니다. 예제에서는 net을 지정했습니다.

- **두 번째 매개 변수**: 합성곱 필터 수(출력 차원 수)를 설정합니다. 예제에서는 첫 번째 합성곱 레이어에 64를 지정했습니다.

- **세 번째 매개 변수**: 필터 크기를 설정합니다. 예제에서는 5×5를 지정했습니다.

- **네 번째 매개 변수**: 사용할 활성화 함수를 설정합니다. 예제에서는 relu(ReLU 함수)를 사용합니다.

- 참고로 매개 변수에 명시적으로 설정하지는 않았지만, 제로 패딩을 수행해서 크기를 유지합니다. 마찬가지로 필터는 하나씩 슬라이드합니다.

▶▶▶ **17번째 줄**: max_pool_2d 함수를 사용해서 풀링 레이어를 생성합니다.

- **첫 번째 매개 변수**: 생성할 레이어 바로 앞의 레이어를 설정합니다. 예제에서는 net을 지정했습니다.

- **두 번째 매개 변수**: 최대 풀링 영역을 설정합니다. 예제에서는 2×2를 지정했습니다.

입력 레이어로 입력되는 32×32×1 크기의 데이터는 첫 번째 합성곱 레이어에서 32×32×32 크기가 되고, 첫 번째 풀링 레이어에서 16×16×32 크기가 됩니다. 또한 두 번째 합성곱 레이어에서 16×16×64 크기가 되며, 두 번째 풀링 레이어에서 8×8×64 크기가 됩니다.

▶▶▶ **19번째 줄**: fully_connected 함수를 사용해 전결합 레이어를 생성합니다.

- **첫 번째 매개 변수**: 생성할 레이어 바로 앞의 레이어(결합 대상 레이어)를 설정합니다. 예제에서는 net을 지정했습니다.

- **두 번째 매개 변수**: 생성할 레이어의 노드 수를 설정합니다. 예제에서는 128을 설정했습니다.

- **세 번째 매개 변수**: 생성할 레이어에서 사용할 활성화 함수를 설정합니다. 예제에서는 relu(ReLU 함수)를 설정했습니다.

▶▶▶ **20번째 줄**: dropout 함수를 사용해서 생성한 레이어에 드롭아웃을 적용합니다.

- **첫 번째 매개 변수**: 드롭아웃 대상 레이어를 설정합니다. 예제에서는 net을 설정했습니다.

- **두 번째 매개 변수**: 대상 레이어의 모든 노드 중에서 얼마만큼의 비율만 남길지 비율을 설정합니다. 예제에서는 0.5를 지정했습니다.

▶▶▶ **23번째 줄**: fully_connected 함수를 사용해 전결합 레이어를 생성합니다.

- **첫 번째 매개 변수**: 생성할 레이어 바로 앞의 레이어를 설정합니다. 예제에서는 net을 지정했습니다.

- **두 번째 매개 변수**: 생성할 레이어의 노드 수를 설정합니다. 예제에서는 2를 설정했습니다. 이는 정답 레이블이 pos와 neg 두 가지이기 때문입니다.

- **세 번째 매개 변수**: 생성할 레이어에서 사용할 활성화 함수를 설정합니다. 예제에서는 softmax(소프트맥스 함수)를 설정했습니다.

▶▶▶ **24번째 줄**: regression 함수를 사용해 학습 조건을 설정합니다.

- **첫 번째 매개 변수**: 학습 대상 레이어를 설정합니다. 예제에서는 지금까지 만든 net을 설정했습니다.

- **두 번째 매개 변수**: 최적화 방법을 설정합니다. 예제에서는 sgd(확률적 경사 하강법)를 사용합니다.

- **세 번째 매개 변수**: 학습 계수의 감쇄 계수를 설정합니다. 예제에서는 0.5를 지정했습니다.

- **네 번째 매개 변수**: 오차 함수를 설정합니다. 예제에서는 categorical_crossentropy(교차 엔트로피)를 설정했습니다.

5. 모델 만들기(학습)

학습 데이터 세트를 사용해서 생성한 CNN을 학습해봅시다.

코드 4-33

```
1.  ## 4. 모델 만들기(학습) ##
2.  # 학습 실행하기
3.  model = tflearn.DNN(net)
4.  model.fit(trainX, trainY, n_epoch=20, batch_size=32, validation_set=0.2,
    show_metric=True)
```

▶▶▶ **3번째 줄**: DNN 함수를 사용해서 생성한 신경망과 학습 조건을 설정합니다.

- **첫 번째 매개 변수**: 설정할 대상 신경망을 설정합니다. 예제에서는 net을 지정했습니다.

▶▶▶ **4번째 줄**: fit 함수를 사용해서 학습을 실행하고, 모델을 생성합니다.

- **첫 번째 매개 변수**: 학습 데이터를 설정합니다. 예제에서는 학습 전용 이미지 픽셀 데이터를 저장하고 있는 배열인 trainX를 지정했습니다.

- **두 번째 매개 변수**: 정답 데이터를 설정합니다. 예제에서는 학습 전용 이미지의 정답 데이터를 저장하고 있는 배열인 trainY를 지정했습니다.

- **세 번째 매개 변수**: 에포크 수(= 학습 횟수)를 설정합니다. 예제에서는 20을 지정했습니다.

- **네 번째 매개 변수**: 배치 크기를 설정합니다. 예제에서는 32를 지정했습니다.

- **다섯 번째 매개 변수**: 모델의 정밀도를 검증하기 위한 테스트 데이터 세트를 설정합니다. 예제에서는 학습 전용 데이터의 20%(0.2)를 활용하게 했습니다.

- **여섯 번째 매개 변수**: 학습 단계별로 정밀도를 출력할지 설정합니다. 예제에서는 True(출력하기)를 지정했습니다.

주피터 노트북의 실행 버튼을 클릭해서 실행하면 학습 상태가 출력됩니다. 필자의 환경에서는 학습 전용 데이터 세트를 만들고, 테스트해서 정밀도를 확인했을 때 100%의 정밀도가 나왔습니다. 100%의 확률로 pos와 neg을 구분할 수 있는 것입니다. 모델의 정밀도는 실행 환경에 따라서 다를 수 있으므로 책과 반드시 같게 나온다고는 할 수 없습니다.

```
Training Step: 259  | total loss: 0.9884 | time: 0.751s
| SGD | epoch: 020 | loss: 0.03996 - acc: 0.9884 -- iter: 384/387
Training Step: 260  | total loss: 0.9896 | time: 1.833s
| SGD | epoch: 020 | loss: 0.03832 - acc: 0.9896 | val_loss: 0.00459 - val_acc: 1.000 -- iter: 387/387
--
```

그림 4-38 학습 상태 출력

지금까지 모델을 만드는 방법을 설명했습니다. 4.2절처럼 미지의 데이터에 모델을 적용해서 분류 정밀도도 테스트해 보기 바랍니다.

 4장 정리

이번 장의 전반부에서는 합성곱 신경망(CNN)의 구조를 살펴봤습니다. CNN은 3장에서 다룬 전결합 신경망과 다르게 중간 레이어에 합성곱 레이어와 풀링 레이어가 들어가는 형태입니다. 합성곱 레이어는 필터를 사용해 데이터의 특징량을 추출하고, 풀링 레이어는 특징량을 압축합니다. 이에 따라 위치의 어긋남과 보는 방향의 차이로 인한 어긋남을 조금 완화할 수 있습니다.

이번 장의 중반부에서는 TFLearn 라이브러리를 사용해 CNN을 구현하고, 손글씨 숫자 이미지인 MNIST 데이터 세트를 분류해봤습니다. 데이터 가공, CNN 구현, 모델 학습 등을 통해 전반부에서 설명한 내용을 실제로 체험해볼 기회가 됐을 것입니다.

이번 장의 후반부에서는 파이썬 이미지 처리 라이브러리인 Pillow를 사용해서 JPEG 형식과 PNG 형식의 이미지 파일을 픽셀 값과 정답 레이블로 변환하는 방법을 설명했습니다. 추가로 학습에 사용할 이미지 수가 적을 때 대처할 수 있는 방법으로, 이미지를 가공해서 수를 늘리는 방법도 살펴봤습니다. 이러한 처리는 이미지 처리 소프트웨어인 OpenCV를 사용해서 할 수도 있습니다. 이어서 실제로 CNN을 구현하고 이미지를 분류해봤습니다. 아마 모두 이미지 데이터를 사용해 학습하는 방법을 이해했을 것이라 생각합니다.

CNN을 사용하면 3장의 전결합 신경망을 사용하는 것보다 높은 정밀도로 분류할 수 있습니다. 현재도 많은 분야에서 이미지를 분류할 때는 CNN을 사용하고 있습니다. 다음 장에서는 재귀형 신경망(Recurrent Neural Network : RNN)의 구조를 살펴보고, 구현해보겠습니다.

05장

재귀형 신경망 체험하기

4장에서는 합성곱 신경망의 구조를 설정하고, 손글씨 숫자 이미지인 MNIST를 분류해봤습니다. 추가로 JPEG와 PNG처럼 일반적인 형식의 이미지를 학습 데이터로 다루는 방법을 살펴봤습니다. 이번 장에서는 시계열 데이터에 적용할 수 있는 재귀형 신경망을 다루겠습니다. 일단 재귀형 신경망의 구조를 설명하고, 재귀형 신경망으로도 MNIST를 분류해봅시다. 추가로 부록에서는 RNN을 사용한 회귀 등에 대해서 살펴보겠습니다.

5.1
재귀형 신경망의 구조

재귀형 신경망(Recurrent Neural Network : RNN)이란 시계열 등의 데이터를 다룰 때 사용하는 신경망입니다. 텍스트 또는 음성 데이터에 강하며, 1장에서 딥러닝 활용 예로 소개했던 지메일의 Smart Reply(자동 답신 기능)에 사용됐습니다. 그럼 곧바로 RNN의 구조를 살펴봅시다.

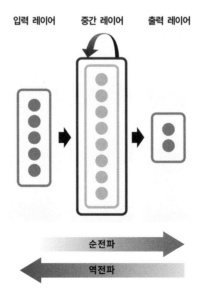

입력 레이어   중간 레이어   출력 레이어

순전파

역전파

그림 5-1 RNN의 구조

RNN의 입력 레이어는 학습 데이터로 시계열 데이터를 받고, 출력 레이어는 학습 결과를 출력합니다. 그리고 중간 레이어는 지금까지 살펴봤던 것과 다르게, 과거의 중간 레이어 상태를 기억하고 재사용합니다. 중간 레이어가 달라도 RNN의 학습은 지금까지 살펴봤던 순전파와 역전파를 그대로 사용합니다.

그럼 일단 그림 5-1을 시간 축으로 전개하는 방법과 RNN의 순전파에 대해서 살펴봅시다.

5.1.1 순전파와 역전파의 구조

순전파의 입력 레이어는 학습 데이터로 시계열 데이터를 넣습니다. 중간 레이어는 "바로 앞 시간의 레이어"와 "현재 시간의 레이어"에 있는 노드와 엣지의 가중치를 곱하고, 이러한 값들을

합친 결과를 활성화 함수로 변환해서 다음 레이어의 노드로 전달합니다. 입력 레이어부터 차례대로 계산한 결과가 출력 레이어에 도달하면 출력 레이어는 결과를 활성화 함수로 변환한 뒤 결과로 출력합니다.

예를 들어 그림 5-2의 시각 t-1에서의 순전파를 생각해봅시다. 중간 레이어는 입력 레이어의 데이터와 시각 t-2의 중간 레이어의 데이터를 사용해 결과를 출력합니다.

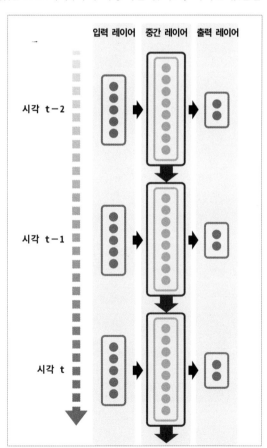

그림 5-2 RNN의 순전파(시계열 전개)

역전파는 출력 레이어에서 얻은 결과와 정답 데이터를 비교하고, 오차 함수를 사용해 오차를 계산합니다. 그리고 오차를 최소화 할 수 있게 출력 레이어에서 입력 레이어를 향해 오차 역전 파법으로 엣지의 가중치를 조정하며 학습합니다. RNN의 오차 역전파법은 3장과 4장에서 설명했던 것과 다르게 시간을 거슬러 올라가며 오차를 전파합니다. 이를 "시간 방향 오차 역전파 법(Back Propagation Through Time, BPTT)"이라고 부릅니다.

예를 들어 그림 5-3에서 시각 t-1의 역전파를 생각해봅시다. 중간 레이어에는 시각 t의 오차 (출력 레이어의 계산 결과와 정답 데이터의 차이)가 전파됩니다.

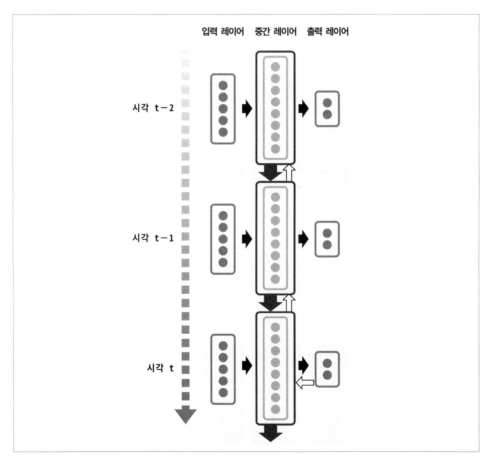

그림 5-3 RNN의 역전파(시간 축으로 전개)

RNN은 과거의 중간 레이어 상태를 모두 기억하고 계산에 활용하므로 계산량이 굉장히 많습니다. 추가로 특정 시각의 중간 레이어 상태는 바로 앞 시각의 중간 레이어의 상태에 크게 의존합니다. 이 덕분에 장기적인 종속성을 표현할 수 있으므로 특정 시점으로부터 꽤 이전 시점의 상태도 학습에 사용할 수 있습니다.

어쨌거나 RNN의 계산량 문제를 해결하는 방법으로 **"장단기 기억(Long Short−Term Memory: LSTM)"**을 많이 사용합니다. 이는 과거의 기억을 서서히 잊게 만들고, 최근 기억을 많이 활용하게 만드는 것입니다.

5.1.2 LTSM의 구조

LSTM[1]은 RNN의 중간 레이어 노드를 LSTM(장단기기억) 블록으로 변경하고, RNN처럼 학습시키는 것입니다.

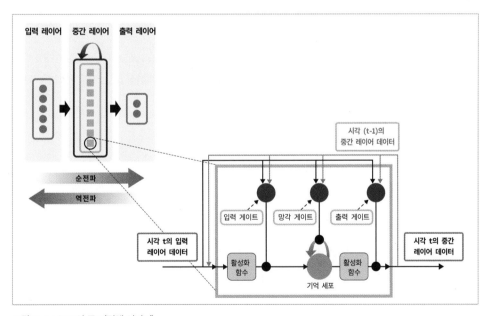

그림 5−4 LSTM의 구조(전체 이미지)

---

1 F.A. Gers, J. Schmidhuber, F. Cummins., Learning to forget: Continual prediction with LSTM, Neural computation 12.10 (2000): pp. 2451−2471

LSTM 블록에는 입력 게이트, 망각 게이트, 출력 게이트라고 불리는 3개의 게이트와 기억 세포가 있습니다. 입력 게이트와 출력 게이트는 데이터 전파를 제어합니다. 그리고 기억 세포는 망각 게이트를 통해 데이터 전파를 조정하고 상태를 저장합니다. 그럼 이러한 LSTM 블록이 어떠한 연산을 하는지 살펴봅시다.

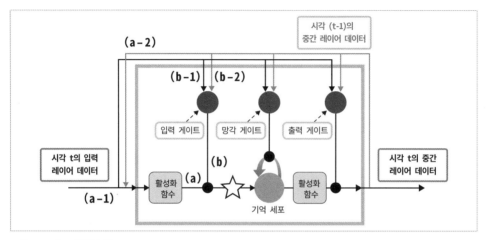

그림 5-5 LSTM의 구조 (1)

기억 세포에 처음 전달된 데이터는 그림 5-5에서 별 모양이 붙은 화살표로 전달됩니다. 이는 (a)와 (b)의 곱으로 구합니다.

- **(a-1)**: 시각 t의 입력 데이터

- **(a-2)**: 시각 (t-1)의 중간 레이어 데이터

- **(a)**: (a-1)과 (a-2)의 합을 활성화 함수로 변환한 값

- **(b-1)**: 시각 t의 입력 데이터

- **(b-2)**: 시각 (t-1)의 중간 레이어 데이터

- **(b)**: (b-1)과 (b-2)의 합을 입력 게이트 내부의 활성화 함수로 변환한 값

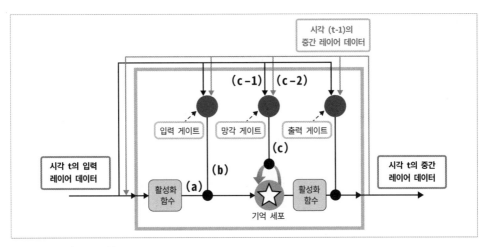

그림 5-6 LSTM의 구조 (2)

이어서 기억 세포에 전달되는 데이터는 다음과 같은 두 가지입니다.

- (c-1): 시각 t의 입력 데이터

- (c-2): 시각 (t-1)의 중간 레이어 데이터

- (c): (c-1)과 (c-2)의 합을 망각 게이트 내부의 활성화 함수로 변환한 값

그리고 "기억 세포에서는 (a)와 (b)의 곱"과 "(c)와 시각 (t-1)의 기억 세포의 곱"을 더합니다.

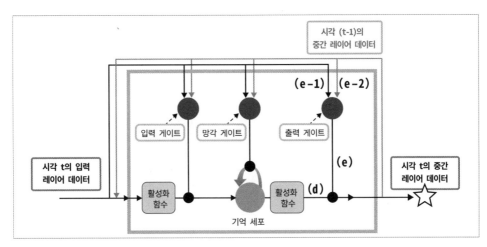

그림 5-7 LSTM의 구조 (3)

마지막으로 (d)와 (e)의 곱을 구하고 출력합니다.

- **(d)**: 기억 세포에서 출력된 데이터를 활성화 함수로 변환한 값

- **(e−1)**: 시각 t의 입력 데이터

- **(e−2)**: 시각 (t−1)의 중간 레이어 데이터

- **(e)**: (e−1)과 (e−2)의 합을 출력 게이트 내부의 활성화 함수로 변환한 값

지금까지 LSTM 블록 내부에서 어떤 처리가 일어나는지 간단하게 살펴봤습니다. 전파할 데이터를 제어하고, 저장할 데이터를 조정하는 처리는 인간이 과거의 일을 모두 기억하지 못하고, 자신에게 중요한 일만 기억하는 것과 비슷하다고 할 수 있습니다.

5.2

손글씨 문자 이미지 MNIST 분류하기

3장에서는 전결합 신경망을 만들고, 4장에서는 CNN을 만들어서 손글씨 문자 이미지인 MNIST 데이터 세트를 분류해봤습니다. 이번 절에서는 이미지 픽셀의 나열을 시계열 데이터로 간주하고, RNN(LSTM)을 구현해서 분류해봅시다. 지금까지와 마찬가지로 파이썬 환경을 활성화하고 주피터 노트북을 사용해 구현해봅시다.

5.2.1 라이브러리 읽어 들이기

텐서플로, TFLearn, Numpy 라이브러리를 읽어 들입니다.

코드 5-1

```
 1.  ## 1. 라이브러리 읽어 들이기 ##
 2.
 3.  # 텐서플로 라이브러리
 4.  import tensorflow as tf
 5.  # tflearn 라이브러리
 6.  import tflearn
 7.  # mnist 데이터 세트를 다루기 위한 라이브러리
 8.  import tflearn.datasets.mnist as mnist
 9.
10.  import numpy as np
```

실행해서 오류 메시지가 출력되지 않는다면 라이브러리를 모두 정상적으로 읽어 들인 것입니다.

5.2.2 데이터 읽어 들이고 전처리하기

MNIST 데이터 세트를 읽어 들이고, 배열에 저장하겠습니다. MNIST 데이터 세트는 3장에서 data 디렉터리의 mnist 디렉터리에 내려받았습니다.

코드 5-2

```
1.  ## 2. 데이터 읽어 들이고 전처리하기 ##
2.  # MNIST 데이터를 ./data/mnist에 내려받고, 압축을 해제한 다음 각 변수에 할당하기
3.  trainX, trainY, testX, testY = mnist.load_data('./data/mnist/', one_hot=True)
```

▶▶▶ 3번째 줄: load_data 함수를 사용해서 MNIST 데이터를 읽어 들입니다.

- **첫 번째 매개 변수**: 데이터를 읽어 들일 경로를 지정합니다. 예제에서는 data 디렉터리 아래에 있는 mnist 디렉터리를 지정했습니다. 데이터가 없으면 자동으로 내려받습니다.

- **두 번째 매개 변수**: 정답 데이터를 One-hot 형식으로 변환할지 지정합니다. 예제에서는 True(변환하기)로 지정했습니다.

셀의 실행 결과를 보면 데이터를 내려받고 압축을 해제하는 것을 알 수 있습니다.

```
Extracting ./data/mnist/train-images-idx3-ubyte.gz
Extracting ./data/mnist/train-labels-idx1-ubyte.gz
Extracting ./data/mnist/t10k-images-idx3-ubyte.gz
Extracting ./data/mnist/t10k-labels-idx1-ubyte.gz
```

그림 5-8 MNIST 데이터 읽어 들이기

지금까지와 마찬가지로 학습 전용 이미지 픽셀 데이터를 배열 trainX에 저장하고, 학습 전용 이미지 정답 데이터를 배열 trainY에 저장했습니다. 또한 테스트 전용 이미지 픽셀 데이터를 배열 testX, 테스트 전용 이미지 정답 데이터를 배열 testY에 저장했습니다.

다만 이번 예제에서는 학습 전용 데이터 세트(배열 trainX와 trainY)만 사용하겠습니다. 테스트 전용 데이터 세트는 학습 전용 데이터 세트의 10%를 활용합시다.

학습 전용 이미지의 첫 번째 픽셀 데이터와 크기, 정답 데이터를 출력해봅시다.

```
In [4]:   # 0번째 이미지의 픽셀 값 출력하기
          trainX[0]

Out[4]:   array([0.      , 0.      , 0.      , 0.      , 0.      ,
                 0.      , 0.      , 0.      , 0.      , 0.      ,
                 0.      , 0.      , 0.      , 0.      , 0.      ,
                 0.      , 0.      , 0.      , 0.      , 0.      ,
                 0.      , 0.      , 0.      , 0.      , 0.      ,
                 0.      , 0.      , 0.      , 0.      , 0.      ,
                 0.      , 0.      , 0.      , 0.      , 0.      ,
                 0.      , 0.      , 0.      , 0.      , 0.      ,
                 0.      , 0.      , 0.      , 0.      , 0.      ,
                 0.      , 0.      , 0.      , 0.      , 0.      ,
                 0.      , 0.      , 0.      , 0.      , 0.      ,
                 0.      , 0.      , 0.      , 0.      , 0.      ,
                 0.      , 0.      , 0.      , 0.      , 0.      ,
                 0.      , 0.      , 0.      , 0.      , 0.      ,
                 0.      , 0.      , 0.      , 0.      , 0.      ,
                 0.      , 0.      , 0.      , 0.      , 0.      ,
                 0.      , 0.      , 0.      , 0.      , 0.      ,
                 0.      , 0.      , 0.      , 0.      , 0.      ,

In [5]:   # 0번째 이미지 픽셀 값의 크기 출력하기
          len(trainX[0])

Out[5]:   784

In [7]:   # 0번째 이미지 정답 데이터 출력하기
          trainY[0]

Out[7]:   array([0., 0., 0., 0., 0., 0., 0., 1., 0., 0.])
```

그림 5-9 학습 전용 이미지의 첫 번째 픽셀 데이터와 크기, 정답 출력하기

각 이미지는 크기가 784인 1차원 배열입니다. 추가로 현재 출력한 값을 보면 정답 데이터가 7
이라는 것을 알 수 있습니다.

코드 5-3

```
1.  # 이미지 픽셀 데이터를 1차원에서 시계열 데이터로 변환하기
2.  trainX = np.reshape(trainX, (-1, 28, 28))
```

RNN(LSTM)을 사용해 학습할 것이므로 reshape 함수를 사용해서 크기가 784인 1차원 배열
을 크기가 28×28인 2차원 배열로 변환했습니다.

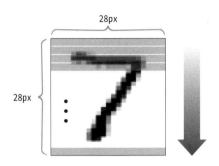

그림 5-10 2차원 배열로 변환하기

변환한 학습 전용 이미지의 첫 번째 픽셀 데이터와 정답 데이터를 출력해봅시다.

```
In [10]:  # 0번째 이미지의 픽셀 값 출력하기
          trainX[0]

Out[10]:  array([[0.      , 0.      , 0.      , 0.      , 0.      ,
          0.      , 0.      , 0.      , 0.      , 0.      ,
          0.      , 0.      , 0.      , 0.      , 0.      ,
          0.      , 0.      , 0.      , 0.      , 0.      ,
          0.      , 0.      , 0.      , 0.      , 0.      ,
          0.      , 0.      , 0.      ],
          [0.      , 0.      , 0.      , 0.      , 0.      ,
          0.      , 0.      , 0.      , 0.      , 0.      ,
          0.      , 0.      , 0.      , 0.      , 0.      ,
          0.      , 0.      , 0.      , 0.      , 0.      ,
          0.      , 0.      , 0.      ],
          [0.      , 0.      , 0.      , 0.      , 0.      ,
          0.      , 0.      , 0.      , 0.      , 0.      ,
          0.      , 0.      , 0.      , 0.      , 0.      ,
          0.      , 0.      , 0.      , 0.      , 0.      ,
          0.      , 0.      , 0.      ],
          [0.      , 0.      , 0.      , 0.      , 0.

In [11]:  # 0번째 이미지 픽셀 값의 크기 출력하기
          len(trainX[0])

Out[11]:  28
```

그림 5-11 변환한 학습 전용 이미지의 첫 번째 픽셀 데이터

그림 5-9와 그림 5-11의 픽셀 데이터값을 비교해보면 값은 같지만 구조가 변경됐다는 것을 알 수 있을 것입니다.

5.2.3 신경망 만들기

이번 절에서는 입력 레이어가 28(×28) 노드, 중간 레이어 LSTM이 128노드, 출력 레이어가 10 노드(숫자 0~9를 나타내는 10가지 종류)를 가진 간단한 RNN을 구축하고, 모델의 분류 정밀도를 확인해봅시다.

코드 5-4

```
1.   ## 3. 신경망 만들기 ##
2.   초기화
3.   tf.reset_default_graph()
4.
5.   ## 입력 레이어 만들기
6.   net = tflearn.input_data(shape=[None, 28, 28])
7.
8.   ## 중간 레이어 만들기
9.   # LSTM 블록
10.  net = tflearn.lstm(net, 128)
11.
12.  ## 출력 레이어 만들기
13.  net = tflearn.fully_connected(net, 10, activation='softmax')
14.  net = tflearn.regression(net, optimizer='sgd', learning_rate=0.5, loss='categorical_cro
ssentropy')
```

▶▶▶ **4번째 줄:** 네트워크를 초기화합니다.

▶▶▶ **7번째 줄:** input_data 함수를 사용해 입력 레이어를 생성합니다.

- **첫 번째 매개 변수:** shape에는 입력할 학습 데이터의 형태로 배치 크기와 노드 수를 설정합니다. 예제에서는 None(지정하지 않음)과 28×28(이미지 하나에 해당하는 픽셀 데이터 수)을 지정했습니다.

▶▶▶ **11번째 줄:** lstm 함수를 사용해서 LSTM 블록을 생성합니다.

- **첫 번째 매개 변수:** 생성할 레이어의 바로 앞의 레이어(결합 대상 레이어)를 설정합니다. 예제에서는 net을 지정했습니다.

- **두 번째 매개 변수:** LSTM 노드 수를 설정합니다. 예제에서는 128로 지정했습니다.

▶▶▶ **14번째 줄: fully_connected 함수를 사용해서 전결합 레이어를 생성합니다.**

- **첫 번째 매개 변수**: 생성한 레이어 바로 앞의 레이어(결합 대상 레이어)를 설정합니다. 예제에서는 net을 설정했습니다.

- **두 번째 매개 변수**: 생성한 레이어의 노드 수를 설정합니다. 예제에서는 (정답 숫자가 0∼9로 10가지 종류이므로) 10으로 설정했습니다.

- **세 번째 매개 변수**: 생성한 레이어에서 사용할 활성화 함수를 설정합니다. 예제에서는 softmax(소프트맥스 함수)를 사용했습니다.

▶▶▶ **15번째 줄: regression 함수를 사용해 학습 조건을 설정합니다.**

- **첫 번째 매개 변수**: 학습 대상 레이어를 설정합니다. 예제에서는 지금까지 만든 net을 설정했습니다.

- **두 번째 매개 변수**: 최적화 방법을 설정합니다. 예제에서는 sgd(확률적 경사 하강법)를 사용합니다.

- **세 번째 매개 변수**: 학습 계수의 감쇄 계수를 설정합니다. 예제에서는 0.5를 지정했습니다.

- **네 번째 매개 변수**: 오차 함수를 설정합니다. 예제에서는 categorical_crossentropy(교차 엔트로피)를 설정했습니다.

5.2.4 모델 만들기(학습)

학습 데이터 세트를 사용해서, 생성한 RNN을 학습시켜봅시다.

코드 5-5

```
1.  ## 4. 모델 만들기(학습) ##
2.  # 학습 실행하기
3.  model = tflearn.DNN(net)
4.  model.fit(trainX, trainY, n_epoch=20, batch_size=100, validation_set=0.1,
    show_metric=True)
```

▶▶▶ **3번째 줄: DNN 함수를 사용해서 생성한 RNN의 학습 조건을 설정합니다.**

- **첫 번째 매개 변수**: 대상 신경망을 설정합니다. 예제에서는 net을 지정했습니다.

▶▶▶ 4번째 줄: fit 함수를 사용해서 학습을 실행하고, 모델을 생성합니다.

- **첫 번째 매개 변수**: 학습 데이터를 설정합니다. 예제에서는 학습 전용 이미지 픽셀 데이터를 저장하고 있는 배열 trainX를 설정했습니다.

- **두 번째 매개 변수**: 정답 데이터를 설정합니다. 예제에서는 학습 전용 이미지 정답 데이터를 저장하고 있는 배열 trainY를 설정했습니다.

- **세 번째 매개 변수**: 에포크 수(= 학습 횟수)를 설정합니다. 예제에서는 20으로 설정했습니다.

- **네 번째 매개 변수**: 배치 크기를 설정합니다. 예제에서는 100으로 설정했습니다.

- **다섯 번째 매개 변수**: 모델의 정밀도를 검증하기 위한 테스트 세트를 설정합니다. 예제에서는 학습 전용 데이터 세트의 10%(0.1)를 사용하게 했습니다.

- **여섯 번째 매개 변수**: 학습 단계별로 정밀도를 출력할지 설정합니다. 예제에서는 True(출력하기)로 설정했습니다.

주피터 네트워크의 실행 버튼을 클릭해서 실행하면 학습 상태가 화면에 출력됩니다. 학습 전용 데이터 세트를 사용해서 모델을 생성하고 검증한 결과, 필자의 환경에서는 약 98.71%의 정밀도가 나왔습니다. 모델의 정밀도는 실행 환경에 따라 다를 수 있으므로 이 책과 완전히 똑같이 나오지는 않을 것입니다.

```
Training Step: 9899 | total loss: 0.00210 | time: 25.046s
| SGD | epoch: 020 | loss: 0.00210 - acc: 0.9997 -- iter: 49400/49500
Training Step: 9900 | total loss: 0.00313 | time: 26.103s
| SGD | epoch: 020 | loss: 0.00313 - acc: 0.9987 | val_loss: 0.06490 - val_acc: 0.9842 -- iter: 49500/49500
--
```

그림 5-12 학습 상태 출력하기

지금까지 모델을 만드는 방법을 설명했습니다. 3장과 4장처럼 미지의 데이터에 모델을 적용해서 분류 정밀도도 테스트해 보기 바랍니다.

5장 정리

이번 장에서는 RNN의 구조와 학습 방법을 살펴봤습니다. RNN의 큰 특징은 텍스트 또는 음성 등의 연속성을 가진 데이터를 다룰 수 있다는 것입니다. 그리고 RNN 중에서 중간 레이어로 LSTM 블록으로 구성하는 경우도 살펴봤습니다. 블록 내부에는 입력 게이트, 망각 게이트, 출력 게이트라고 부르는 기능이 있으며, 이를 활용해 데이터의 전파(순전파, 역전파)를 제어하고, 데이터를 조정했습니다.

또한 RNN을 사용해서 MNIST 손글씨 문자를 인식해보기도 했습니다. 이미지 데이터에 RNN이 적합하다고 할 수는 없지만, 그래도 일단 적용할 수 있다는 것만 기억해주세요. 어쨌거나 다루는 데이터가 시간의 연속성을 가질 경우 RNN을 사용한다고 기억하기 바랍니다. 추가로 RNN과 관련된 내용을 부록 B에서도 다루므로 부록B도 참고하기 바랍니다.

A 부록

텐서보드
사용 방법과
딥러닝 환경 구축

A.1
텐서보드 사용 방법

3장부터의 내용을 진행할 때 fit 함수를 사용하면 화면 위에 모델의 오차 또는 정밀도가 출력됐습니다. 그런데 터미널 화면 위에서 추출할 수 있는 정보는 굉장히 한정적입니다. 이러할 때 **텐서보드(TensorBoard)**라는 애플리케이션을 사용하면 학습 상태 추이를 보다 상세하게 파악하고, 생성한 모델의 구조를 시각적으로 확인할 수 있습니다. 텐서보드는 텐서플로의 기능 중하나이므로 TFLearn을 사용할 때도 활용할 수 있습니다.

A.1.1 학습 로그 출력하기

생성한 모델의 구조와 학습 추이를 텐서보드에 출력하려면 학습 실행 중에 로그를 출력하게 해야 합니다. 로그를 출력하려면 생성한 네트워크와 학습 조건을 설정하는 DNN 함수 그리고 학습하는 fit 함수의 매개 변수를 조금 변경해줘야 하는데, 예를 들어 다음과 같이 설정합니다.

코드 A1-1

```
## 4 . 모델 만들기(학습) ##
# 학습 실행하기
model = tflearn.DNN(net, tensorboard_verbose=0)
model.fit(trainX, trainY, n_epoch=20, batch_size=100, validation_set=0.1, show_metric=True,
run_id='dense_model')
```

DNN 함수의 매개 변수에 **tensorboard_verbose**를 추가했습니다. 출력하고 싶은 로그 정보에 따라 값을 0~3으로 지정합니다. tensorboard_versbose의 값이 클수록 자세한 학습 상태를 출력해주지만, 학습 속도가 약간 떨어지게 됩니다.

표 A1-1 tensorboard_verbose 매개 변수

tensorboard_verbose	출력되는 로그 정보
0	오차, 정답률
1	오차, 정답률, 기울기
2	오차, 정답률, 기울기, 가중치
3	오차, 정답률, 기울기, 가중치, 활성도, 스페이스

fit 함수의 매개 변수에 **run_id**를 추가합니다. 값에는 로그의 명칭을 설정합니다. 현재 예제에서는 dense_model로 지정했습니다.

A.1.2 텐서보드 실행하기

터미널을 열고 파이썬 환경을 활성화한 다음, 다음과 같이 명령어를 입력해 텐서보드를 실행합니다.

코드 A1-2

```
$ tensorboard --logdir='/tmp/tflearn_logs/dense_model'
```

logdir=에 지정한 디렉터리에 로그가 출력됩니다. 로그는 **/tmp/tflearn_logs/〈DNN 함수의 run_id〉**에 출력됩니다. 예제에서는 /tmp/tflearn_logs/dense_model에 출력됩니다.

그림 A1-1 학습 로그 출력 위치와 실행된 텐서보드

텐서보드가 실행되면 터미널에 You can navigate to http://127.0.1.1:6006(URL 부분은
환경에 따라 다릅니다)라고 출력됩니다. 브라우저를 열고 터미널에 출력된 URL(현재 상태에
서는 http://127.0.1.1:6006) 또는 http://localhost:6006이라고 입력해주세요.

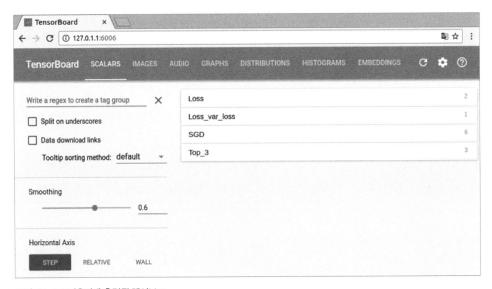

그림 A1-2 브라우저에 출력된 텐서보드

A.1.3 생성한 모델과 로그 출력하기

브라우저의 GRAPHS 탭을 클릭하면 생성한 모델의 구조와 학습 개요를 확인할 수 있습니다.

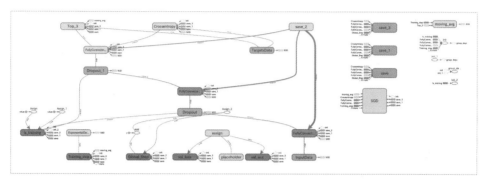

그림 A1-3 네트워크 구조와 학습 개요

레이어끼리의 데이터 교환을 눈으로 확인할 수 있습니다. 추가로 각 레이어를 클릭해보면 사용한 활성화 함수와 가중치 계산을 확인할 수 있습니다.

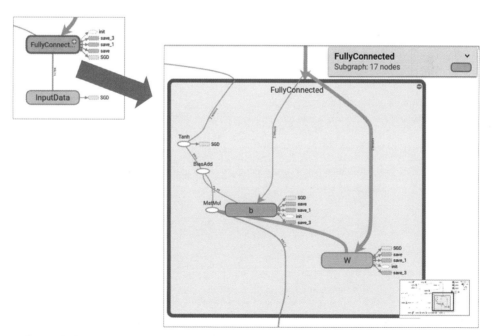

그림 A1-4 각 레이어의 자세한 학습 내용

SCALARS 탭을 클릭하면 학습 중의 오차와 모델 정밀도 등을 확인할 수 있습니다.

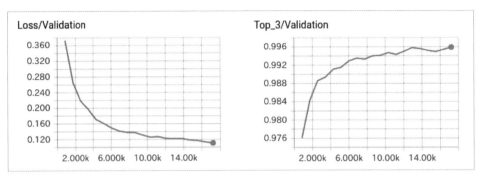

그림 A1–5 학습 오차와 모델의 정밀도

이를 사용하면 오차와 정밀도가 어떻게 되는지, 어떤 과정을 거치는지 등을 파악할 수 있습니다.

A.2
딥러닝 환경 구축하기(윈도우)

2장에서는 윈도우 OS를 호스트 OS로 사용하고, 그 위에서 게스트 OS로 우분투(리눅스 OS)라는 가상 환경을 구축한 다음 우분투 위에 딥러닝 환경을 구축했습니다. 텐서플로와 TFLearn은 윈도우 OS에서도 동작하므로 이번 절에서는 윈도우 OS(윈도우 7, 64bit)에 딥러닝 환경을 구축하는 방법을 살펴봅시다.

A.2.1 아나콘다 설치하기

아나콘다는 2017년 12월의 번역 시점을 기준으로 버전 5.0.1까지 내려받을 수 있습니다. 아나콘다의 다운로드 페이지[1]에서 버전 5.0.1의 64비트 파이썬 통합 버전인 Anaconda3-5.0.1-Windows-x86_64를 내려받아주세요.

이 책의 내용은 버전 5.0.1을 기준으로 내용을 진행했으므로 다른 버전을 사용한다면 실행 결과가 아주 미세하게 다를 수 있다는 것을 염두에 두기 바랍니다. 실행이 안 되는 경우가 있을 수도 있으므로 내용을 직접 수정할 수 없는 초보자라면 이전 버전을 내려받을 수 있는 페이지[2]에서 5.0.1 버전을 내려받아 사용할 것을 추천합니다.

---

1 https://www.anaconda.com/download/

2 [URL 추가]

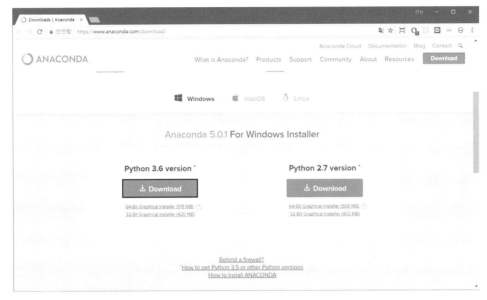

그림 A2-1 아나콘다 인스톨러 내려받기

Anaconda installer archive

Filename	Size	Last Modified
Anaconda2-4.4.0.1-Linux-ppc64le.sh	271.4M	2017-07-26 16:10:02
Anaconda3-4.4.0.1-Linux-ppc64le.sh	285.6M	2017-07-26 16:08:42
Anaconda2-4.4.0-Linux-x86.sh	415.0M	2017-05-26 18:23:30
Anaconda2-4.4.0-Linux-x86_64.sh	485.2M	2017-05-26 18:22:48
⋮		
Anaconda3-4.3.1-Linux-x86.sh	399.3M	2017-03-06 16:12:47
Anaconda3-4.3.1-Linux-x86_64.sh	474.3M	2017-03-06 16:12:24
Anaconda3-4.3.1-MacOSX-x86_64.pkg	424.1M	2017-03-06 16:26:27
Anaconda3-4.3.1-MacOSX-x86_64.sh	363.4M	2017-03-06 16:26:09
Anaconda3-4.3.1-Windows-x86.exe	348.1M	2017-03-06 16:19:46
Anaconda3-4.3.1-Windows-x86_64.exe	422.1M	2017-03-06 16:20:48

그림 A2-2 아나콘다 인스톨러 내려받기(버전 5.0.1 다운로드 페이지)

내려받은 인스톨러를 실행하고, 설치 시작 화면에서 [Next >] 버튼을 클릭합니다. 이어서 라이
선스 동의 화면에서 소프트웨어 라이선스 내용을 확인하고, 문제 없다면 [I Agree] 버튼을 클
릭합니다.

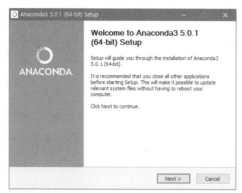
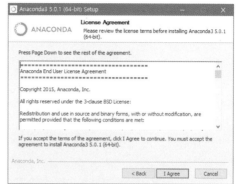

그림 A2-3 아나콘다 설치 (1)

설치 타입 선택 화면에서 [Just Me (recommended)](자기 계정에서만 사용하기) 또는 [All Users (requires admin privileges)](PC 내부의 모든 계정에서 사용하기)가 나오면 추천하고 있는 [Just Me (recommend)]를 클릭합니다.

이어서 설치 장소 선택 화면에서 설치 폴더를 지정합니다. 기본값으로 "C:₩Users₩〈사용자 이름〉₩Anaconda3"가 지정돼 있습니다. 조금 더 쉽게 찾을 수 있게 C 드라이버 바로 아래의 Anaconda3 폴더에 설치하겠습니다. 폴더를 "C:₩Anaconda3"로 지정합니다. 폴더가 없다면 자동으로 생성됩니다. 이어서 [Next >] 버튼을 클릭합니다.

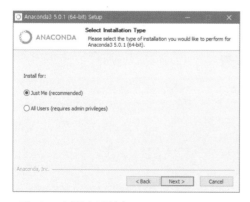
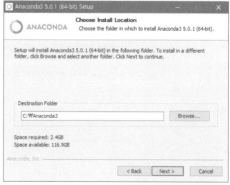

그림 A2-4 아나콘다 설치 (2)

설치 옵션 화면에서 추가 설정을 진행합니다. [Add Anaconda to my PATH environment variable](환경 변수에 추가하기)와 [Register Anaconda as my default Python 3.6] (Python 3.6을 표준 버전으로 사용하기)에 체크해주세요. 이어서 [Install] 버튼을 클릭합니다.

설치 설정이 완료되면 설치가 시작됩니다. 설치 중에 [Show details] 버튼을 클릭하면, 그림 A2-5와 같이 설치 상황을 확인할 수 있습니다.

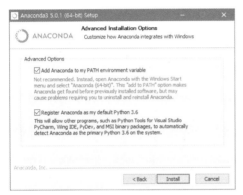 

그림 A2-5 아나콘다 설치 (3)

설치가 완료되면 [Next] 버튼를 클릭하고, 이어서 출력되는 화면에서 [Finish] 버튼을 클릭해 설치를 완료합니다. C 드라이버 바로 아래에 아나콘다3가 설치돼 있는지 확인해보세요.

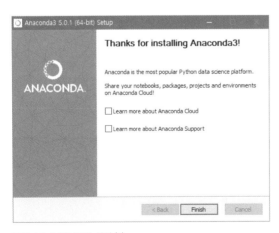

그림 A2-6 아나콘다 설치 (4)

A.2.2 파이썬 환경 구축하기

아나콘다를 실행할 수 있게 명령 프롬프트를 실행합시다. [Windows] 버튼을 누르고 **anaconda prompt**라고 입력하면 **아나콘다 프롬프트(Anaconda Prompt)** 프로그램이 검색됩니다. 프로그램을 클릭하면 명령 프롬프트가 실행됩니다.

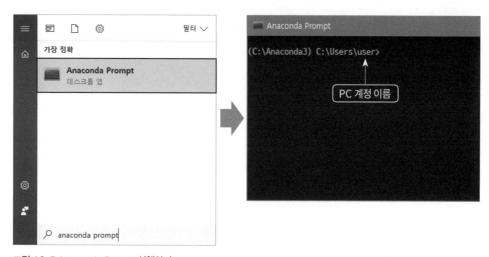

그림 A2-7 Anaconda Prompt 실행하기

아나콘다 프롬프트는 이후에 빈번하게 사용되므로 바로 가기 등을 만들어 두기 바랍니다. 아나콘다 프롬프트는 2장에서의 "터미널"과 같습니다. 텐서플로, TFLearn을 포함한 다양한 라이브러리 설치는 여기에서 진행하기 바랍니다.

딥러닝을 구현하기 위한 가상 환경을 만들도어 보겠습니다. 아나콘다는 기본값으로 파이썬 3.6을 사용하지만, 윈도우 버전의 텐서플로는 파이썬 3.5만을 지원하기 때문입니다. 아나콘다 프롬프트에서 다음 명령어를 입력합니다.

코드 A2-1

```
> conda create -n tfbook python=3.5 [Enter]
```

이때 tfbook은 가상 환경의 이름입니다. 명령어를 실행하면 패키지를 설치할 것인지 묻는데, Proceed([y]/n)에서 y를 입력하면 tfbook이라는 이름으로 파이썬 3.5 가상 환경이 생성됩니다.

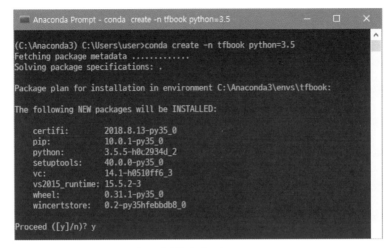

그림 A2-8 아나콘다에서 파이썬 3.5 가상 환경 만들기

생성한 환경을 사용할 수 있게 활성화합니다. 환경은 사용이 끝나면 비활성화하기 바랍니다.

코드 A2-2

```
> activate tfbook [Enter] # 환경 활성화
> deactivate tfbook [Enter] # 환경 비활성화
```

여기에서도 tfbook은 환경 이름입니다. 활성화하면 아나콘다 프롬프트에 (tfbook)이 출력됩니다.

```
■ Anaconda Prompt                                                    —   □   ×
setuptools-40. 100% |#############################| Time: 0:00:00   8.27 MB/s
wheel-0.31.1-p 100% |#############################| Time: 0:00:00   5.96 MB/s
pip-10.0.1-py3 100% |#############################| Time: 0:00:00   8.13 MB/s
#
# To activate this environment, use:
# > activate tfbook
#
# To deactivate an active environment, use:
# > deactivate
#
# * for power-users using bash, you must source
#


(C:\Anaconda3) C:\Users\user>activate  tfbook

(tfbook) C:\Users\user>
```

그림 A2-9 tfbook 환경 활성화

C 드라이브 바로 아래에 있는 Anaconda3 폴더의 envs 폴더를 확인해보면 tfbook이라는 환경이 생성돼 있을 것입니다.

그림 A2–10 tfbook 환경의 위치

A.2.3 텐서플로 설치하기

텐서플로 1.0.1 (파이썬 3.5)를 설치합니다.

코드 A2–3

```
> pip install --ignore-installed --upgrade https://storage.googleapis.com/tensorflow/
windows/cpu/tensorflow-1.0.1-cp35-cp35m-win_amd64.whl [Enter]
```

```
Anaconda Prompt - pip install --ignore-installed --upgrade https://storage.googleap...

(tfbook) C:\Users\user>pip install --ignore-installed --upgrade https://storage.googleap
is.com/tensorflow/windows/cpu/tensorflow-1.0.1-cp35-cp35m-win_amd64.whl
Collecting tensorflow==1.0.1 from https://storage.googleapis.com/tensorflow/windows/cpu/
tensorflow-1.0.1-cp35-cp35m-win_amd64.whl
  Downloading https://storage.googleapis.com/tensorflow/windows/cpu/tensorflow-1.0.1-cp3
5-cp35m-win_amd64.whl (14.7MB)
    100% |################################| 14.7MB 1.8MB/s
Collecting protobuf>=3.1.0 (from tensorflow==1.0.1)
  Downloading https://files.pythonhosted.org/packages/2f/30/2b3caddd3d7e15e919e8b03059cc
f0eb9ccef62a9085a9ad92a5823193b7/protobuf-3.6.1-cp35-cp35m-win_amd64.whl (1.1MB)
    100% |################################| 1.1MB 4.7MB/s
Collecting wheel>=0.26 (from tensorflow==1.0.1)
  Downloading https://files.pythonhosted.org/packages/81/30/e935244ca6165187ae8be876b631
6ae201b71485538ffac1d718843025a9/wheel-0.31.1-py2.py3-none-any.whl (41kB)
    100% |################################| 51kB 2.9MB/s
Collecting six>=1.10.0 (from tensorflow==1.0.1)
  Downloading https://files.pythonhosted.org/packages/67/4b/141a581104b1f6397bfa78ac9d43
d8ad29a7ca43ea90a2d863fe3056e86a/six-1.11.0-py2.py3-none-any.whl
```

그림 A2–11 텐서플로 설치

파이썬을 대화 모드로 실행하고, 텐서플로 라이브러리를 읽어 들여봅시다. 아무 문제 없이 읽어 들여진다면 정상적으로 설치된 것입니다.

코드 A2-4

```
> python [Enter]
>>> import tensorflow [Enter]
>>> exit() [Enter]
```

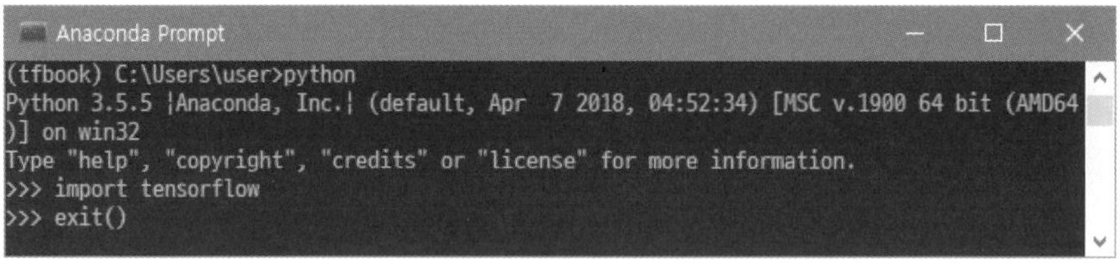

그림 A2-12 텐서플로 설치 확인

A.2.4 TFLearn 설치하기

TFLearn 0.3.2를 설치하겠습니다.

코드 A2-5

```
> pip install tflearn [Enter]
```

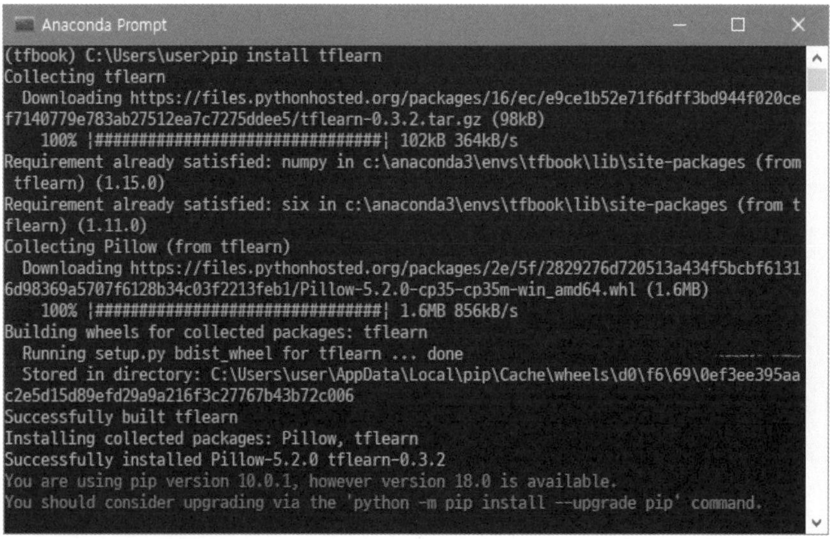

그림 A2-13 TFLearn 설치

파이썬을 대화 모드로 실행하고, TFLearn 라이브러리를 읽어 들여봅시다. 아무 문제 없이 읽어 들여진다면 정상적으로 설치된 것입니다.

코드 A2-6

```
> python [Enter]
>>> import tflearn [Enter]
>>> exit() [Enter]
```

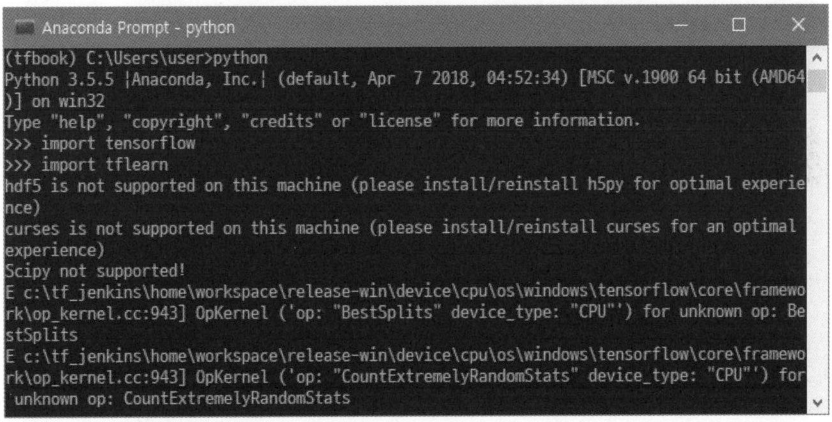

그림 A2-14 TFLearn 설치 확인

TFLearn을 사용하려면 몇 가지 라이브러리가 필요합니다. 그럼 지금부터 이러한 라이브러리를 설치해보겠습니다.

A.2.5 h5py 설치하기

TFLearn에 필요한 라이브러리인 h5py를 설치하겠습니다. h5py는 바이너리 데이터 형식인 HDF5 데이터를 다룰 수 있게 해주는 라이브러리입니다.

코드 A2-7

```
> conda install h5py [Enter]
```

패키지를 설치해도 괜찮은지 묻는 부분(Proceed([y]/n))에서 y라고 입력해주세요.

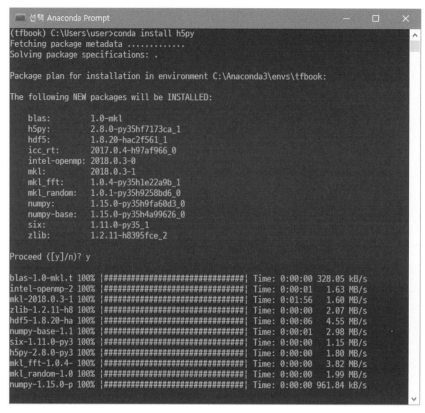

그림 A2-15 h5py 설치

A.2.6 scipy 설치하기

scipy를 설치하겠습니다. scipy는 숫자 계산을 할 때 사용하는 라이브러리입니다.

코드 A2-8

```
> conda install scipy [Enter]
```

패키지를 설치해도 괜찮은지 묻는 부분(Proceed([y]/n))에서 y라고 입력해주세요.

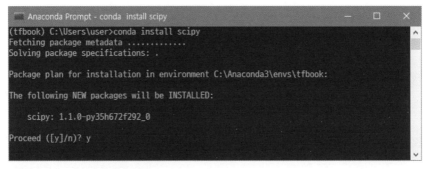

그림 A2-16 scipy 설치

A.2.7 curses 설치하기

cueses 인스톨러를 내려받겠습니다. curses는 화면에 출력되는 문자를 제어하기 위한 라이브러리입니다. curses는 캘리포니아 대학교에서 윈도우 전용 파이썬 패키지를 제공하고 있습니다. https://www.lfd.uci.edu/~gohlke/pythonlibs/#curses 에 들어가서 인스톨러를 내려받습니다.

curses-2.2-cp35-cp35m-win_amd64.whl 을 내려받고, 해당 파일을 C:₩Users₩〈사용자 이름〉에 배치합니다. 이어서 curses를 설치합니다.

코드 A2-9

```
> pip install curses-2.2-cp35-cp35m-win_amd64.whl [Enter]
```

그림 A2-17 curses 설치 확인

지금까지 TFLearn을 사용할 준비를 마쳤습니다. "tfbook 폴더 > Lib 폴더 > site-packages 폴더"를 열면 설치된 라이브러리들을 확인할 수 있습니다.

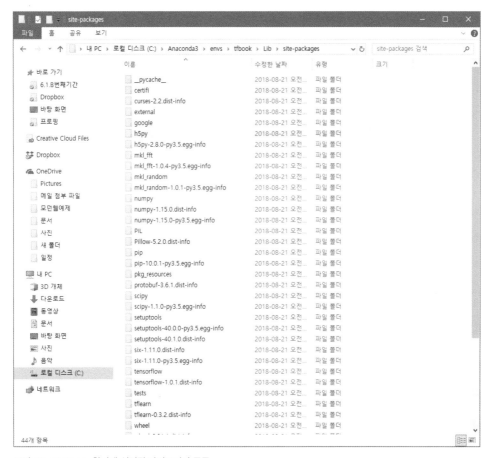

그림 A2-18 tfbook 환경에 설치된 라이브러리 목록

A.2.8 주피터 노트북 설치하기

주피터 노트북을 설치하겠습니다. 주피터 노트북은 오픈소스 웹 애플리케이션입니다. 노트 형식의 문서에 소스 코드를 작성하면 해당 내용을 차례대로 실행해줍니다. 실행 결과를 실시간으로 확인하면서 작업을 진행할 수 있다는 장점이 있습니다.

코드 A2-10

```
> pip install jupyter [Enter]
```

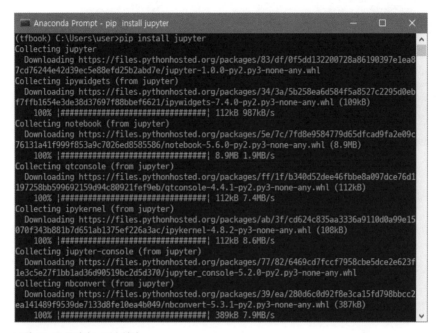

그림 A2-19 주피터 노트북 설치

설치가 완료되었다면 생성했던 파이썬 환경으로 이동한 다음 해당 위치에서 주피터 노트북을
실행합니다.

코드 A2-11

```
> cd C:\Anaconda3\envs\tfbook [Enter]
> jupyter notebook [Enter]
```

그림 A2-20 주피터 노트북 실행

브라우저에 주피터 노트북 화면이 출력될 것입니다. 기본적인 사용 방법은 2장에서 살펴봤습니다.

그림 A2-21 주피터 노트북 화면

지금까지 만든 환경을 기반으로 TFLearn 공식 문서의 튜토리얼[3]를 하나하나 실행해보세요. 3장부터 설명한 것 이외의 예제는 직접 하나하나 확인해보기 바랍니다.

---

3 http://tflearn.org/examples/

B 부록

시세 예측하기

최근 국내에서 가상 화폐 열풍이 불고 있고, 가상 화폐의 시세를 예측하려는 시도가 매우 많습니다. 가상 화폐의 시세를 예측할 때는 지금까지 배웠던 것 신경망 중에 어떤 것을 사용하면 좋을까요? 일반적으로 시세는 시간을 기반으로 만들어지는 정보이므로 LSTM을 사용하면 됩니다.

코인게코(CoinGecko)에서 제공하는 비트코인 일 단위 시세를 사용해서 앞으로 비트코인이 어떻게 될지 예측해 봅시다.

가상화폐와 주식 등은 단순하게 시세만으로 예측하기 힘든 부분이 있습니다. 더 정확하게 예측하려면 볼륨 등의 직접적인 정보는 물론이고, 관련된 기사 등을 추가로 읽고 분석해서 긍정적인 예측이 얼마나 되는지, 부정적인 예측이 얼마나 되는지 등까지 모두 수집해야 합니다. 그리고 이러한 데이터를 기반으로 여러 네트워크를 연결해서 학습시켜야 합니다. 물론 그렇게 해도 완벽한 예측은 거의 불가능합니다.

또한 장기간 직접 시세와 볼륨 등을 수집해야 초 단위, 분 단위 데이터를 얻을 수 있기에 코인게코에서 제공하는 일 단위 시세만으로는 제대로 예측하기가 거의 불가능합니다.

가상 화폐 예측 프로그램을 만들어서 "나는 돈을 벌었다!"라는 말이 굉장히 많은데, 2016년 1월 1일에 이더리움을 그냥 가지고만 있었으면 2016년 12월 31일에 90배 이상의 수익을 누구나 올렸기 때문에 예측 프로그램이 정확하게 예측해서 이득이 생겼다고 하기는 어렵습니다. 따라서 가상 화폐 시세 예측 프로그램 또는 주식 프로그램을 만들었다면 장기간에 걸쳐 실제로 수익을 낼 수 있는지 등을 확인하고 활용하기 바랍니다.

완벽한 예측 프로그램이 있다면 몇 주일 만에 그 사람이 세계 최고의 부자가 됐을 텐데, 없으므로 일단 완벽한 예측은 불가능하다고 생각합시다.

그래도 LSTM을 활용할 수 있는 예제로는 어느 정도 충분하다고 생각하므로 차근차근 예제를 만들어봅시다.

B.1
데이터 추출하기

그럼 일단 데이터를 수집해봅시다. 다음 링크에 들어가면 일 단위 비트코인 시세를 얻을 수 있습니다.

코인게코 비트코인 시세

https://www.coingecko.com/price_charts/export/bitcoin/krw.csv

CSV 파일을 내려받아서 bitcoin.csv라는 이름으로 저장해주세요.

CSV 파일을 보면 날짜(snapped_at), 시세(price), 시가 총액(market_cap), 전체 볼륨(total_volume)이 들어 있습니다. 그런데 초기 데이터 중에는 시가 총액과 전체 볼륨이 일부 빠져 있는 부분이 있습니다. 따라서 모든 데이터가 잘 유지되고 있는 2014년 6월 9일 이후의 데이터만 사용하겠습니다.

코드 B-1 데이터 추출하기

```
1.  import pandas as pd
2.
3.  # https://kr.investing.com/crypto/bitcoin/historical-data
4.  df = pd.read_csv("./bitcoin.csv")
5.
6.  dataset = df["현재가"].str.replace(",","").astype(float).values
```

이어서 numpy 배열로 변환합니다. 그리고 log() 함수를 적용해서 그래프를 완만하게 만들겠습니다.

코드 B-2 정규화하기

```
1.  import numpy as np
2.
3.  # 정렬
4.  prices = np.flip(dataset, 0)
5.  # 정규화
6.  prices = np.log(prices)
7.
8.  price_min = np.min(np.abs(prices))
9.  prices -= price_min
10. price_gen_max = np.max(np.abs(prices))
11. prices /= price_gen_max
```

일반적으로 주식 그래프를 보면 급작스럽게 올랐다가 급작스럽게 떨어지는 모습처럼 보이는 경우가 많은데, 이러한 그래프에 로그를 적용하면 다음과 같이 완만하게 변환됩니다.

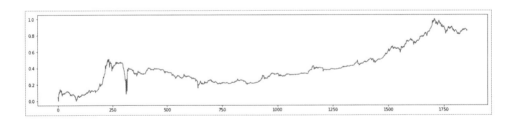

이러한 그래프를 사용해 "5일 간의 기록으로 다음 날의 상황을 예측"해보겠습니다. 다음과 같이 5일 간의 기록들을 모아서 입력으로, 그리고 그다음 날의 기록을 모아서 출력으로 만들어주세요.

코드 B-3 입력 데이터와 출력 데이터 만들기

```
1.  history = 5
2.  future = 1
3.  X = []
4.  y = []
```

```
5.   for i in range(0, len(prices) - history, future):
6.       X.append(prices[i:i + history])
7.       y.append(prices[i + history])
8.   X = np.reshape(np.array(X), [-1, history, 1])
9.   y = np.reshape(np.array(y), [-1, 1])
```

데이터 준비가 모두 끝났습니다.

B.2
네트워크 만들고 학습하기

그럼 본격적으로 학습을 시작해봅시다. RNN 부분에서 배웠던 것과 같은 그래프를 일단 구현 하겠습니다.

코드 B-4

```
1.  import tflearn
2.  import tensorflow as tf
3.
4.  tf.reset_default_graph()
5.  net = tflearn.input_data(shape=[None, history, 1])
6.  net = tflearn.gru(net, n_units=6)
7.  net = tflearn.fully_connected(net, 1, activation='linear')
8.  net = tflearn.regression(net, optimizer='sgd', learning_rate=0.001, loss='mean_square')
9.  model = tflearn.DNN(net, tensorboard_verbose=0)
```

이어서 데이터의 80%를 학습 데이터, 나머지 20%를 테스트 데이터로 사용합니다.

코드 B-5 학습 전용 데이터와 테스트 전용 데이터 분류하기

```
1.  pos = int(round(len(X) * (1 - 0.2)))
2.  trainX, trainY = X[:pos], y[:pos]
3.  testX, testY   = X[pos:], y[pos:]
```

이어서 학습하고 예측합니다.

코드 B-6 학습과 예측

```
1.  # 학습
2.  model.fit(trainX, trainY, validation_set=0.1, show_metric=True, batch_size=1,
    n_epoch=200, run_id='btc')
3.
4.  # 예측
5.  train_predict = model.predict(trainX)
6.  test_predict = model.predict(testX)
```

데이터를 글자로 출력하면 보기 힘드므로 그래프로 그려봅시다.

B.3

그래프 그리기

데이터를 그래프로 그려보겠습니다. 기존의 데이터, 학습 데이터, 예측 데이터를 다음과 같이 그래프로 그립니다.

코드 B-7 그래프로 그리기

```
1.  # 보정
2.  temp = np.full_like(prices, np.nan)
3.  temp[pos + history:] = test_predict.flatten()
4.  test_predict_for_graph = temp
5.
6.  # 그래프 그리기
7.  plt.figure(figsize=(20,4))
8.  plt.plot(prices, label="actual", color="k")
9.  plt.plot(train_predict, label="train", color="r")
10. plt.plot(test_predict_for_graph, label="test", color="b")
11. plt.show()
```

코드를 실행하면 다음과 같이 출력됩니다. 1500번째 데이터 부근에서 선이 두 줄로 바뀌는데, 위에 있는 선이 실제 데이터이고, 아래에 있는 선이 예측 데이터입니다.

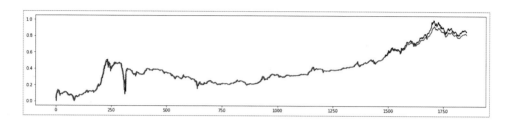

아마 위의 그래프로는 가격에 어느 정도 변화가 있는지 보기 어려울 것입니다. 데이터에 exp()
함수를 적용해서 모두가 일반적으로 알고 있는 비트코인 가격 그래프로 돌려봅시다.

코드 B-8 exp() 함수로 원래 형태의 그래프로 되돌리기

```
1.  # 그래프 그리기
2.  plt.figure(figsize=(20,4))
3.  plt.plot(np.exp(prices * price_gen_max + price_min), label="actual", color="k")
4.  plt.plot(np.exp(train_predict * price_gen_max + price_min), label="train", color="r")
5.  plt.plot(np.exp(test_predict_for_graph * price_gen_max + price_min), label="test",
    color="b")
```

plt.show()코드를 실행하면 다음과 같이 출력하는 모습을 볼 수 있습니다. 어느 정도 흐름은
비슷하게 예측했다는 것을 알 수 있습니다. 물론 이전에 언급했던 것처럼 완벽한 예측은 불가
능에 가깝습니다. 현재 그래프를 보면 하루, 이틀 정도의 밀림이 있는데, 하루 이틀 사이에 많
은 것을 잃을 수도 있으므로 이렇게 만든 간단한 프로그램으로 가상 화폐에 투자하는 것은 옳
지 않습니다.

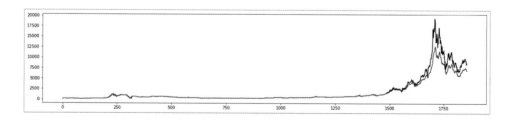

참고로 이렇게 만든 현재 만든 모델은 "5일 간의 데이터를 기반으로 다음 날의 상황을 예측"하
게 되어 있습니다. 따라서 데이터를 계속 붙여서 만들면 이후의 미래를 예측할 수도 있습니다.
직접 해보기 바랍니다.

지금까지 이 책에서는 딥러닝의 개념과 기본적인 구현 방법을 배우고, 실제로 구현해 보았습니다. 아마 구현해 보면서 "다른 데이터를 사용해보면 어떨까?" 또는 "매개 변수를 바꾸면 어떻게 될까?"라는 생각이 들었을 것이라 생각합니다.

서문에서도 언급했던 것처럼 이 책은 딥러닝을 배우고 싶은 사람들을 위한 기본서입니다. 그리고 입문을 위해서 구글의 텐서플로를 기반으로 하는 TFLearn 라이브러리를 사용해 보았습니다. 이후에는 다른 서적도 참고해 보면서, 딥러닝 기술을 더 다양하게 살펴보고 활용해보기 바랍니다.

다만 모든 것에 딥러닝을 사용해도 좋은 것은 아닙니다. 딥러닝으로 만든 모델의 내부는 블랙박스가 됩니다. 따라서 데이터에서 어떠한 특징을 찾고, 이를 사람들에게 설명하고 싶은 경우에는 적합하지 않습니다. 이러할 때는 결정 트리 등 기존의 머신러닝을 사용하는 것이 좋습니다. 목적과 데이터의 종류에 따라서 잘 구분해서 사용하기 바랍니다.

마지막으로 집필하면서 RIC Telecom의 카모 님과 마츠모토 님께서 조언을 많이 해주셨습니다. 또한 집필을 할 수 있었던 것은 회사의 모두와 가족들이 있었기 때문입니다. 많은 분들께 깊은 감사의 말씀을 드립니다.